Brave new World

Die utopische Welt der Gutgläubigen

Band 10 aus der Serie

«Gesellschaft verstehen»

Copyright und Design:

Michael von Känel

Verlag:

www.denkmalnach.ch

Inhalt

1 Einleitung

Der Autor war etwa 18 Jahre alt, als er das Buch *«Brave New World»* von *Aldous Huxley* für eine Englischprüfung gelesen hat. Heute schreibt er selbst ein Buch mit diesem Titel. Aber er beabsichtigt, damit mehr positive Gefühle und Gedanken zu erwecken, als es das Buch von Aldous Huxley tut.

Aldous Huxley schrieb sein Buch, weil er damit auf eine in der Gesellschaft schleichend einhergehende Veränderung hinweisen wollte, die von essenziellen menschlichen Grundwerten weg, hin zu einer modernen Gesellschaft führt, in welcher die natürlichsten Dinge wie die Mutterliebe nicht mehr sein dürfen. Und dies, damit die Welt so kontrolliert und gelenkt werden kann, dass es der dominierenden Klasse, den Alphas, zupasskommt.

Huxleys Buch war im Jahr 1932 erschienen. Und es galt damals als futuristisch. Aber auch heute noch mutet es, vielleicht abgesehen von den Helikoptern als Verkehrsmittel, ziemlich futuristisch an. Und es flösst wohl noch mehr Unwohlsein ein als damals. Denn seit der Veröffentlichung hat sich so manches ereignet, worauf das Buch hindeutete. Wir haben den Nationalsozialismus erlebt, haben Genmutation, Klonen und künstliche Intelligenz, reden von «entwickelten» und «weniger entwickelten» Ländern und Kulturen – und haben noch immer nicht begriffen, wie wichtig doch das ist, was uns

Menschen zu dem macht, was wir sind und sein könnten.

Für uns als Menschen scheint es eine Herausforderung zu sein, dass wir trotz all dem Potenzial, welches unser Denken und unser Verstand uns ermöglichen, unsere Seele nicht verlieren.

Wenn der Autor heute ein Buch mit dem Titel «Brave new World» schreibt, dann tut er es nicht, um sich mit Aldous Huxley in die gleiche Reihe stellen zu wollen. Sowas würde dem Autor niemals zustehen.

Nein, er verfolgt eine andere Absicht: Er versucht in diesem Büchlein hier Grundsätze zu erfassen und zu erörtern, die er für uns Menschen als wichtig erachtet, damit wir eben unsere Seele nicht aufgrund der Möglichkeiten, die uns in der heutigen Zeit gegeben sind, verspielen. Und dabei will er nicht den Warnfinger hochalten und über drohend wirkende Szenarien beschreiben, wie schlimm es kommen könnte. Nein, er wählt den gegenteiligen Weg. Er versucht sich an einer «utopischen Welt» an eine Welt der Ideale und Sorglosigkeiten zu halten. Und somit soll der ironische Beiklang von Huxleys «Schöne neue Welt» durch eine ehrliche und positive Wirkung dieses Titels ersetzt werden.

Wir Menschen erhalten jeden Tag über diverse Kanäle immer nur schlechte Nachrichten geliefert. Vielleicht tut es da auch mal gut, etwas Positives zu lesen. Etwas, was Mut macht. Und zwar nicht, indem es nur verspricht, schönredet und blendet. Nein, etwas, was erklärt und auch begründet, warum die Menschheit immer wieder die Chance hat, sich ihre schöne neue Welt selbst zu erschaffen.

***

Wir befinden uns an einem Zeitpunkt der Veränderung. Viele Menschen fühlen, dass es so wie in den letzten hundert Jahren nicht weitergehen kann.

Ein Bewusstsein ist am Erwachen, das neue Wege eröffnet und neue Ideale sucht und anpeilt. Wir können zusehen und warten, in der Hoffnung, dass bei der langsam voranschreitenden Veränderung das herauskommt, wovon wir hoffen, dass es uns entsprechen wird. Oder aber, wir können aktiv bei der Gestaltung mithelfen, auf dass eine Zukunft entstehen kann, in welcher auch unsere Ideale zu wirken vermögen.

Wenn gutgläubige Menschen sich Vorstellungen darüber machen, wie die Welt sein könnte, auf dass es weniger Leid gibt, und dass weniger Tränen in den See der Angst fliessen, dann werden sie von vielen ihrer Mitmenschen als utopisch denkende Fantasten angesehen.

Aber was ist denn die Alternative dazu, positiv zu denken und daran zu glauben, dass die Menschheit es besser haben kann als heute, wo noch immer im Minutentakt unschuldige Leben verlöschen, atomare

Sprengköpfe in Bereitschaft stehen und unsere Mutter Erde in ihren Sorgen und Nöten um Hilfe fleht?

Wer sich nur an dem orientiert, was ist, der vergibt die Chance, über sein Denken und somit sein geistiges Schaffen dabei mitzuhelfen, an einer Alternative zu bauen. Dann, wenn eine logisch begründbare, realistisch anmutende Alternative zu dem besteht, was wir heute haben, können auch andere Menschen Mut fassen und Hoffnung aufbauen, auf dass wir Menschen es wirklich besser machen können.

Das ist das Ziel dieses Büchleins. Es will die Gutgläubigkeit und die Hoffnung legitimieren, auf dass Menschen dadurch an eine positive Veränderung glauben können. Eine Veränderung, die heute noch als utopisch gilt, vielleicht aber mal zu einer Realität führen wird, die allen ein besseres Leben ermöglicht.

Warum der Autor dies tut?

Weil er es als die einzige Möglichkeit ansieht, damit die Menschheit als Ganzes voranschreiten kann. Und bewegen muss sich die Menschheit. Denn so wie im Moment kann es nicht weitergehen. Über längere Zeit im Status quo der heutigen Zeit zu verweilen, wirkt auf die Dauer tödlich auf all das, was unser Leben lebenswert machen hilft. Darum setzt der Autor auf Utopie. Denn Aldous Huxleys Roman zeigt uns auf, dass vieles von dem, was ein Mensch sich an utopischen Gedanken zu erdenken vermag, früher oder später zur Realität wird. Es scheint fast so, als ob sich der Mensch überhaupt nur Dinge zu erdenken vermag, die Realität werden können. Und so gesehen ist es gut, wenn nebst all den Horrorszenarien auch ein paar Aspekte der Gutgläubigkeit zur Umsetzung in unserer Zukunft bereitstehen.

Also, werfen wir uns in unsere Aufgabe, die wir uns selbst übertragen, und schaffen wir die Grundlage dafür, dass unser Denken eine schöne neue Welt anpeilt, die heute noch als utopisch gilt.

2 Brave new World

Wenn wir eine schöne neue Welt anstreben, dann müssen wir diese nicht neu erfinden. Denn all das, was die Welt gut machen hilft, besteht schon seit Ewigkeit. Es sind dies hohe Werte, auf denen das Sein als Ganzes basiert.

Was wir aber tun müssen, wenn wir uns in unseren Gedanken eine ideale Welt aufbauen wollen, ist diese hohen Werte auf die Bedürfnisse und Möglichkeiten der heutigen Zeit anzupassen, auf dass sie ihre Wirkung entfalten können.

Wenn also Moses vor mehreren tausend Jahren die zehn Gebote vom Berg Sinai zu seinem Volk gebracht hat, dann unterlagen diese Gebote hohen Werten. Die Gebote aber waren so formuliert, dass sie den Menschen der damaligen Zeit ein besseres Zusammenleben ermöglichen sollten. In den seither vergangenen tausenden von Jahren haben sich die Menschen selbst und die Gesellschaft, in der sie leben aber verändert. Darum sollten die zehn Gebote nicht mehr wortwörtlich genommen werden. Man täte wohl besser daran, über das Nachdenken über die Wirkung dieser Gebote auf den Grund zu kommen, warum sie überhaupt definiert worden sind. Und der Grund hilft uns dann, die hohen Werte zu ergründen, welche hinter dem einzelnen Gebot stehen. Und wenn wir den hohen Wert gefunden haben, dann können wir ihn in Ehren halten, indem wir unsere heutigen Ideale daran ausrichten.

Der Autor hätte gerne in diesem Buch seine eigene Version einer schönen neuen Welt aufgeschrieben. Aber er sah schnell ein, dass dies der falsche Ansatz wäre. Denn so würde er etwas Festes erschaffen, etwas, was aus seiner Subjektivität heraus entstanden wäre. Und wenn jemand diese Variante der schönen neuen Welt übernommen hätte, so hätte er dadurch seine eigenen Möglichkeiten dafür abgelegt.

Darum versucht der Autor, über Denkweisen, Wissen und Wirkungssysteme eine Basis zu schaffen, auf dass jeder selbst sich seine eigene schöne neue Welt erschaffen kann. Das ist von grosser Bedeutung: Denn nur wenn viele verschiedene utopische Vorstellungen entstehen, können diese in ihrer Wirkung erfolgreich sein. Würden alle an das Gleiche glauben, so wäre es ein Leichtes, diese Version der schönen neuen Welt zu diffamieren, indem man sie als utopisch abstempelt und so diejenigen, die daran glauben, als unglaubwürdig hinstellt.

Dann aber, wenn alle ihre eigene Vorstellung aufbauen, kann niemand etwas dagegen tun. Denn die Gedanken sind frei. Und man kann niemals alle Gutgläubigen kontrollieren, wenn sie sich zwar an den gleichen Grundsätzen orientieren, alle aber etwas anderes daraus machen.

Also, die schöne neue Welt soll nur ein Ideal sein, das für jeden gutgläubigen, utopischen Denker anders ist. So schützt sich die Menschheit seit jeher: über die Einzigartigkeit der Individualität von allem, was da ist.

Und so haben wir einen ersten Ansatz, um eine Basis daraus hervorzubringen, die helfen wird, als Grundlage für den Bau einer utopischen Zukunftswelt der Gutgläubigen zu dienen:

Jede und jeder soll und darf sich seine eigene schöne neue Welt selbst erschaffen. Das ist unser Geburtsrecht – das ist unantastbare Freiheit. Denn alles, was wir dabei tun, findet in unserer Gedankenwelt statt. Und diese Gedankenwelt gehört uns – niemand darf und kann darin herumwuscheln, solange wir uns bei unserem Denken an Grundsätze halten, die der goldenen Regel des nicht Verletzens entsprechen.

Und so haben wir bereits zwei Ansätze: Jeder für sich selbst, und jeder, ohne die Grundrechte der anderen zu verletzen.

Wenn wir jetzt noch die Ansätze der Wahrheit, der Selbstlosigkeit, der Liebe und der Gerechtigkeit miteinbeziehen, dann haben wir eine Basis erschaffen, die sehr viel zu tragen vermag. Etwas, was den Grundsätzen all dieser hohen Werte entspricht, kann weder verunglimpft, noch widerlegt werden. Falls doch, dann nur, weil wir bei der

Umsetzung in konkrete Vorstellung aufgrund unserer Subjektivität zu wenig weitsichtig gedacht und somit auf selbstbezogene Weise erschaffen haben.

Und wenn wir den bisherigen Weg jetzt etwas genauer betrachten, so stellen wir fest, dass es ein philosophischer Weg ist. Denn er stellt ab auf Werte, Haltungen und Ideale, und versucht, daraus über Logik und die Gesetzmässigkeit von Ursache und Wirkung etwas Konkretes zu erdenken. Etwas, das den Angriffen der Kritiker standzuhalten vermag, weil es die goldene Regel einhält; weil es die Freiheitsrechte der andern respektiert und achtet.

***

Wenn dieses Kapitel also keine konkrete schöne neue Welt definiert, so legt es dennoch die Basis dafür, dass jeder das für sich selbst tun kann.

Es stellt natürlich eine grosse Herausforderung dar, sich selbst eine utopische Welt zu erschaffen, die hohe Werte berücksichtigt und deren Grundsätze einhält. Aber es geht ja auch nicht um das Gedankenprodukt; es geht um den Weg, der dorthin führt. Denn jemand, der sich damit beschäftigt, wie eine Welt erschaffen sein müsste, damit sie besser ist als diejenige, in welcher wir heute leben, der entwickelt sich durch diese Tätigkeit nicht nur in seiner Persönlichkeit, sondern auch in seinem Charakter. Und erst diese Entwicklung ermöglicht es, Resultate zu erdenken, die immer mehr den selbstlosen Idealen des utopisch Gutgläubigen entsprechen.

Und so erkennen wir, dass dieses Büchlein hier eigentlich dazu anhalten will, dass wir Menschen uns über das Erdenken von Idealen in unserer Persönlichkeit und unserem Charakter entwickeln. Auf dass wir immer mehr ein Leben leben, das als Beispiel dafür dienen kann, dass eine utopische Zukunftswelt eine Chance hat zu entstehen, weil es genügend Menschen gibt, die anders leben als diejenigen, die über Korruption, Manipulation, Gewalt und Angstmacherei ihre Macht, ihren Reichtum und ihren Einfluss zu erhalten versuchen.

Eine schöne neue Welt, also eine utopische Welt der Gutgläubigen, kann dann entstehen, wenn die Gutgläubigen selbst gut werden. Gut, im Sinne von Nächstenliebe und Selbstlosigkeit.

Ja, man kann Gutmenschen selbst dann einsperren oder über Rufmord auf den imaginären Scheiterhaufen stellen, wenn sie unfehlbar sind. Aber wenn man das zu oft tut, dann fliegt man früher oder später damit auf. Denn die Wahrheit findet immer einen Weg. Und so helfen gutgläubige Utopisten über ihre Unbefangenheit und ihre geringe Angriffsfläche, die sie bieten, diejenigen zu einem besseren Verhalten zu zwingen, die dafür verantwortlich zeichnen, dass die Dinge so laufen, wie sie dies zurzeit tun.

Und es ist halt so: Unsere Welt wäre eigentlich von sich aus schön, neu und gut. Aber es sind wir Menschen, die daraus das machen, worunter manche mehr und andere weniger leiden.

Aber es sind auch wir Menschen, die es in der Hand haben, etwas daran zu ändern. Täten wir es alle gemeinsam, so würde die schöne neue Welt auf einen Schlag Realität. Aber dieser Weg ist nicht vorgesehen. Denn er nimmt dem Einzelnen die Möglichkeit zu lernen und zu erkennen. Und darum muss jeder seinen Weg für sich gehen, damit die Menschheit als Ganzes vorankommen kann.

Schneller voran kommt sie ganz bestimmt, je mehr gute Gedanken in Umlauf sind. Und das führt uns auf unserem Weg in diesem Buch weiter zu den einzelnen Ansätzen und Aspekten, die uns immer mehr dazu ermächtigen, eine schöne neue Welt zu erschaffen, die hohe Ideale einhält.

3   Vom Horror zur Hölle

Wenn wir in der Realität leben, dann leben wir in einer oberflächlichen Welt, um nicht zu sagen in einer Illusion.

Dem ist so, weil wir uns nur selten oder gar nicht die Zeit dafür nehmen, darüber nachzudenken, was hinter den Dingen steht.

Nehmen wir als Beispiel das Thema Angst:

Die meisten Menschen haben Angst. Darum verhalten sie sich ja auch vorhersehbar. Und genau daher kann man sie auch manipulieren.

Aber die meisten Menschen, die Angst haben, merken gar nicht, dass sie Angst haben. Denn sie hasten die ganze Zeit umher und leben ein Leben voller Ablenkungen, so dass sie gar nicht merken können, wovor sie sich eigentlich fürchten.

Und es ist nicht der Einbrecher, den sie fürchten, oder der Teufel. Nein, sie fürchten sich vor eigentlich ganz simplen Dingen wie der Frage, ob es morgen auch noch so sein wird wie heute. Oder ob jemand herausfinden könnte, dass sie nicht immer sich selbst sind, sondern dass sie sehr oft andern etwas vormachen.

Und weil unsere Angst in all den Oberflächlichkeiten unserer Lebensweise nicht erfasst werden kann, und aus Sicht gewisser Kreise auch gar nicht erfasst werden können soll, funktionieren wir eben so, wie wir funktionieren.

Und damit wir meinen, wir hätten keine Angst, hat man den Horror erschaffen. Denn der Horror ist eine künstlich erschaffene Monsterangst, die für jede und jeden offensichtlich wahrnehmbar ist. Und so kommt es, dass Horror als Angst angesehen wird, und auf diese Weise verschwindet unsere normale, alltägliche Angst aus unserem Blickfeld, und so verlieren wir die Möglichkeit, sie wahrnehmen zu können.

Menschen lieben es, ihre Gefühle kontrolliert erleben zu dürfen. Wer einen Horrorfilm anschaut, der weiss, dass er nur den Bildschirm abzuschalten braucht, und schon hat er die Angst unter Kontrolle.

Dass wir uns aber auf diese Weise von unserer ureigenen Angst ablenken und es uns so gleichzeitig verunmöglichen, uns mit dieser auseinanderzusetzen, auf dass wir uns in unserer Persönlichkeit und unserem Charakter entwickeln können, was unser Potenzial gemeinhin massiv erweitern helfen würde, das erkennen wir nicht.

Und so führt der Horror in die Hölle: Er nimmt uns die Möglichkeit, unsere subtilen Ängste wahrnehmen zu können. Und wer seine Ängste nicht wahrnehmen kann, kann auch nicht daran arbeiten, diese zu überwinden. Wer seine Ängste nicht überwinden kann, der unterliegt ihnen. So wird es möglich, grosse Menschenmassen zu kontrollieren. Und dabei muss der Horror gar nicht mal als Film daherkommen. Schon die täglichen Nachrichten, Titelseiten der Zeitungen und die Sirene des Polizeiautos erinnern uns immer wieder daran, wie böse doch unsere Welt ist.

Was soll da ein Gutgläubiger dagegen tun? Nun, er geht nicht auf all die Horrormeldungen ein, die ihm ständig vorgelegt werden. Natürlich wird er dadurch zum Aussenseiter. Aber gleichzeitig entwickelt sich auch sein persönliches Potenzial in hohem Masse, weil er eben immer mehr imstande ist, seine wahren Ängste wahrzunehmen und an diesen zu arbeiten. Und so entwickelt sich unser Gutgläubiger immer mehr weg vom gesellschaftlichen Durchschnitt. Er entwickelt sich so weit, dass er sich dadurch so stark von seinen Mitmenschen unterscheidet, dass diese ihn als «utopisch» bezeichnen. Dies, weil ihnen sonst keine Möglichkeit einfällt, mit diesem ihnen unerklärlichen Unterschied in seiner Persönlichkeit und in seinem Verhalten zurechtzukommen.

Horror zu meiden und sich dafür seinen Ängsten zu stellen, führt hin zur Möglichkeit, das Gute auf Erden erkennen zu können. Der andere Weg führt zu persönlichem Stillstand. Und wer stehenbleibt, der erlebt immer mehr Ungemach, weil die Schöpfung alles tut, damit ihre Teilaspekte sich verändern und entwickeln. Und so wird dann tatsächlich die Hölle auf Erden Realität: Indem man an den negativen

Dingen festhält, die herunterziehen und eine positive Veränderung verhindern.

***

Das Gegenteil von Horror ist das Gefühl, das wir erleben dürfen, wenn wir Freude, Glück und Liebe erfahren.

Zwar kennt jeder von uns dieses gute Gefühl. Aber irgendwie scheinen es fast alle von sich zu weisen. Landläufig gilt die Meinung, dass alle guten Gefühle nur eine kurzfristige Illusion seien, die sich schnell verflüchtigt und dann wieder dem trüben, kalten Alltag platzmacht.

Und über diese Denkweise wird alles Positive zu Utopie. Wie schade!

Darum wollen wir dem Utopischen im nächsten Kapitel mehr Realitätsbezug zu verschaffen versuchen. Auf dass die Relativität der Utopie auf Kosten des alltäglichen Horrors den Weg hin zum Guten zu weisen vermag.

4 Utopie

Wenn jemand über Böses nachdenkt, dann ist er im besten Fall ein Pessimist. Meistens aber gilt er als Realist.

Wenn jemand aber über das Gute nachdenkt und sich im Hinblick darauf positiv äussert, dann gilt er als weltfremder Idealist, der in utopischen Luftschlössern irgendwelchen Träumereien nachhängt.

Ja, Kinder dürfen noch träumen. Auch Narren träumen noch. Aber wer in den Augen seiner Mitmenschen mit beiden Füssen auf dem Boden zu stehen wünscht, der hat gefälligst negativ zu denken.

Wenn wir es uns selbst erlauben, wieder zum Kind werden zu dürfen, dann fällt uns das Glauben an das Gute wieder viel einfacher. Und da alle von uns noch ihr inneres Kind in sich tragen, bestünde grundsätzlich die Möglichkeit, dass alle in kurzer Zeit ihr Wesen und ihr Denken verändern könnten. Das gibt uns die Hoffnung dafür, dass eine Veränderung grundsätzlich möglich wäre.

Aber momentan noch kämpft das Gute dagegen an, dass es als utopisch bezeichnet und dadurch derart stark relativiert wird, dass die Menschen ihren Glauben daran verlieren. Und trotzdem konsumieren die Menschen Bücher und Filme, und geben dafür jährlich Milliarden aus, um für einen kurzen Moment in eine utopische Welt eintauchen zu dürfen, in welcher das Gute das Böse besiegt. Und selbst in Videospielen kämpfen hartgesottene Jungs für das Gute, indem sie böse Gegner zu tausenden eliminieren.

Und immer noch wird der Gutgläubige als utopisch bezeichnet. Wirkt das nicht irgendwie komisch?

Wenn etwas Fantasie ist, dann darf man es konsumieren, ohne sich schämen zu müssen. Wer aber wirklich an das Gute glaubt, der wird im besten Fall belächelt, normalerweise aber als weltfremd, also utopisch abgestempelt.

Das riecht doch irgendwie schon fast nach einer Verschwörung, die darauf abzielt, die Menschen das Gute und dessen Wirkung nicht wahrhaben lassen zu wollen.

***

Was wäre jetzt, wenn immer mehr Menschen all das Positive wahrnehmen und wahrhaben würden?

Würde dies die Utopie salonfähig machen?

Würde die Utopie dadurch sogar in ein besseres Licht gerückt oder womöglich rehabilitiert, auf dass sie endlich sein darf?

Wer ist es, der dem Bösen in der Welt mehr Wirkungskraft einräumt als dem Guten, obwohl es vom Guten viel mehr wahrzunehmen und zu entdecken gäbe als vom Bösen?

Nun, diese Frage kann jeder nur für sich beantworten. Wer diese Frage zu beantworten versucht, der hilft dabei mit, die Utopie zu dem zu machen, was sie sein könnte: zur Realität.

Denn seit jeher hat auf der Welt das Gute zwar mit dem Bösen interagiert. Aber es hatte immer die Nase vorn. Wäre dem nicht so, so wäre die Menschheit ausgestorben, die Bäume wären verdorrt und das Nichts hätte alles in Vergessenheit gebracht und so vernichtet. Aber wir sind weit weg von alldem.

Die Utopie ist Realität, aber wir wollen dies einfach nicht wahrhaben. Wir weigern und so, dies zu glauben, wie ein närrischer Junge nicht wahrhaben will, dass man es doch eigentlich gut mit ihm meint.

Wenn man etwas dagegen tut will, dann geht das wohl nur über eine Gehirnwäsche. Jeder kann dies selbst für sich tun; nämlich indem er all die negativen Glaubensmuster aus seiner Gedankenwelt ausmistet und so Platz dafür schafft, dass auch das Gute wahrgenommen werden kann.

Dies funktioniert natürlich nur, wenn man sich seine Gedankenwelt nicht immer wieder über Negativmeldungen, Horror und Schwachsinn vollscheissen lässt. Sprich: man achtet ein bisschen darauf, was man konsumiert und was nicht.

Es braucht nicht sehr viel, damit aus der Utopie Realität werden kann, und dass aus der Realität Illusion wird. Beobachten wir die Verhältnisse mal etwas genauer im nächsten Kapitel.

5   Von der Utopie zur Realität

Was ist der Unterschied zwischen *Goldmarie* und *Pechmarie*?

Goldmarie geht positiv durchs Leben, hilft dort, wo ihre Hilfe benötigt wird, geht auf utopische Dinge wie sprechende Brote und Apfelbäume ein, und erfreut sich daran, dienen zu dürfen. So hilft sie dabei mit, dass die Dinge ihren Lauf nehmen. Und so kommt es, dass der Winter jedes Jahr wieder kommt und sich unsere Kinder je nach Einfluss des Klimawandels an den grossen Schneeflocken aus Frau Holles Kissen erfreuen dürfen…

Pechmarie ist überdrüssig, faul und negativ. Sie geht Möglichkeiten, sich zu betätigen und dadurch Gutes zu tun aus dem Weg. Sie bleibt lieber im Bett liegen und der Lauf der Dinge ist ihr scheissegal. Gleichgültigkeit ist das Gift, das die Erde vergiftet…

Sind wir eher Goldmarie oder eher Typ Pechmarie? Was müsste geschehen, damit wir vom einen zum andern mutieren könnten?

Nun, es liegt in unserm Willen und unserer Entscheidung, wer wir sind. Wenn wir an das Gute glauben, so fällt es uns leicht, zu lachen, zu helfen und positiv zu denken. Wenn wir denken, die anderen seien für unser Glück verantwortlich, so bleibt uns sehr viel Zeit, um schlecht gelaunt und überdrüssig herumzudümpeln und die Welt schlechtzureden.

Denn wer auf die andern wartet, der kann lange warten. Erstens rührt für uns kaum jemand einen Finger, und zweitens kann niemand uns zu unserem Glück verhelfen, ausser wir selbst.

Darum nützt es nichts, wenn man befiehlt, vorgibt und über Gesetzeserlasse erzwingen will.

Wer das Glück auf Erden über Gesetze und Verordnungen institutionalisieren will, der wird zwangsläufig scheitern. Dies, weil man niemanden auf nachhaltige Weise von aussen her verändern kann. Wahre persönliche Veränderung kann nur aus unserem Innern kommen. Und somit kann Utopie nur zur Realität werden, wenn wir selbst für uns die Verantwortung übernehmen.

Die Verantwortung für sich selbst zu übernehmen bedeutet, sich über Selbstwirksamkeit und Selbstbestimmung selbst dazu zu ermächtigen, das Gute auf Erden wahrnehmen zu können und es sich zu Nutzen zu machen, indem man es wertschätzt. Und dies ist das eigentliche Ziel des Verlages denkmalnach.ch: Er liefert Denkanstösse in Form eines Gesamtwerkes von über achtzig kleinen Werken, die alle miteinander zusammenhängen und allesamt dabei helfen, sich dahingehend entwickeln zu können, dass man das Gute erkennen und davon profitieren kann

Es ist so einfach, und mutet trotzdem so komplex an. Wohl deshalb, weil wir die ganze Zeit gegen die Wirkung fremder Gedanken ankämpfen müssen.

Utopie, Realität, Wahrheit und Illusion sind alles relative Begrifflichkeiten. Und somit ist auch das, was wir persönlich darunter verstehen, relativ. Wer einen gutgläubigen Menschen findet, mit dem er sich austauschen kann, der merkt sehr schnell, dass die Dinge nicht so fix sind, wie wir glauben. Um eine Vorstellung zur Realität werden zu lassen braucht es nur den Glauben an einen Gedanken.

Ja, es ist unser Glaube, der unsere Wahrnehmung derart stark beeinflusst, dass wir etwas als real oder utopisch wahrnehmen.

Nun, jedem, der an etwas glaubt, wird sehr schnell gesagt, er verhalte sich unrealistisch, unwissenschaftlich und verklärt. Aber dass wir selbst die ganze Zeit an Dinge glauben, die wir als gegeben erachten, nur weil wir nie darüber nachgedacht haben, das scheint uns nicht zu stören.

Unsere Welt ist so wie sie ist, weil wir das, was wir in unserem Leben antreffen, als gegeben erachten. Aber das ist es nicht. Alles, was wir Menschen erschaffen haben, können wir Menschen auch wieder verändern. Warum tun wir es denn nicht?

Wohl deshalb, weil manche ein Interesse daran haben, dass die Dinge so bleiben, wie sie sind. Denn wenn niemand den bösen Drachen herausfordert, dann kann dieser in Ruhe auf seinem Gold liegenbleiben…

Ob Drachen gut oder böse sind, dass müssen wir für uns selbst klären. Tatsache ist, dass es Gut und Böse gibt, selbst wenn diese beiden Grössen ebenfalls relativ zu verstehen sind. Was aber absolut werden kann, ist das, was wir vorleben, wenn wir uns der Wahrheit verpflichten und das höchste Ideal anstreben. Denn wenn jemand für andere da ist, Leid mindern hilft und die Welt über sein Leben ein kleines bisschen besser machen hilft, dann hat er dadurch ein Vermächtnis auf Erden hinterlassen, das ihn einzigartig und beständig machen hilft.

Wer also gegen das Prädikat «utopisch» anzugehen wünscht, der geht am besten auf selbstlose Weise mit gutem Beispiel voran. Das hilft in allen Belangen. Und daher widmen wir diesem Unterfangen das nächste Kapitel.

6 Das Ich als Vorbild

Wir lassen uns gerne inspirieren. Aber was wahre Inspiration ist, darüber haben wir wohl nie so recht nachgedacht. Und so kommt es, dass uns Inspiration meistens dazu anhält, etwas Bestehendes zu kopieren, um uns damit von andern abzuheben, die das zu Kopierende für sich noch nicht entdeckt haben.

Zu kopieren hat mit Inspiration wenig bis nichts zu tun. Aber wenn wir aus unserem Innern heraus selbst etwas Neues, nie Dagewesenes, oder zumindest etwas Neuartiges zu erschaffen versuchen, dann hat das mit Inspiration zu tun.

Und so wird uns klar, warum manche Künstler, Musiker oder Dichter uns mehr zu berühren vermögen als andere: Sie lassen in sich etwas zu, was es ihnen ermöglicht, etwas Einzigartiges zu erschaffen, weil sie selbst ein Subjekt und somit einzigartig sind. Und das, was ihnen dabei hilft, das ist nicht das Recherchieren und Abschauen, sondern das ist ihre wahre Inspiration, die von der geistigen Welt herkommt, aus der Welt der Gedanken, Vorstellungen und Fantasien.

Und wenn ein Künstler dann eben eine Inspiration aus seiner Gedankenwelt in die Realität überträgt, dann erschafft er etwas. Je mehr das Erschaffene andere Menschen zu berühren vermag, je grösser ist der Einfluss des Künstlers auf die Wahrnehmung seiner Mitmenschen.

Wir erkennen aus obenstehendem Beispiel, dass jede und jeder von uns Einfluss auf sein Umfeld ausüben kann, indem er auf seine eigene Inspiration setzt und diese lebt.

Wer dies tut, der geht mit gutem Beispiel voran. Er zeigt auf reale Weise auf, dass der Mensch grundsätzlich über das Potenzial verfügt, selbst etwas zu erschaffen, ohne von andern abzuschauen oder kopieren zu müssen.

Wenn dies in der Kunst funktioniert, dann funktioniert es auch mit dem Guten, also mit dem, was wir vorerst noch als Utopie bezeichnen würden.

Aber wenn wir in unserem eigenen Kopf das Urteil «das ist utopisch» ablegen können, dann werden wir frei und unbefangen. Und so können wir uns dann Gedankengängen hingeben, die wir uns vorher selbst verboten haben. Wer selbst denkt, und dabei die goldene Regel einhält, der bekommt Unterstützung von all den Dingen, die sich ebenfalls in der geistigen Welt aufhalten und darauf warten, dass sie mit einem Gutgläubigen zusammenarbeiten dürfen. Und so kann wahre Inspiration erwachen.

Genialität kommt meistens von irgendwo her. Der Gutgläubige, der als selbstloses Beispiel vorangeht, hat gute Chancen, in seinem eigenen

Möglichkeitsbereich zum Genie zu werden. Denn wer das Gute beabsichtigt, der bekommt Unterstützung.

Natürlich mutet es utopisch an, was der Autor hier schreibt. Und der Autor kann auch nicht beweisen, was er hier schreibt. Oder er will es zumindest nicht.

Wer aber eben zu urteilen aufhört und dadurch sein Urteil in Bezug auf Utopie in sich selbst auflöst, der ist dazu bereit, selbst auszuprobieren. Und nur wer selbst ausprobiert hat, kann für sich dann sagen, ob etwas möglich ist oder nicht. Wer nur urteilt, der ist schnell im Verurteilen, hat aber eigentlich nichts getan.

Und das ist ja auch der Unterschied zwischen dem Kritiker und dem Künstler: Der Kritiker kann nur negativ urteilen. Erschaffen kann er nicht. Aber während er nur kritisiert, geht er gesellschaftlich gesehen kein Risiko ein. Der Künstler aber arbeitet über Intuition und Inspiration daran, etwas Neues zu erschaffen. Und zum Dank dafür muss er sich dann der Meinung der Kritiker aussetzen, die sein Werk zerreissen, obwohl sie selbst nichts zu erschaffen imstande sind.

Wir sehen, hier wird mit ungleichen Ellen gemessen. Und es macht schon fast den Anschein, als dass Kritiker vom System her eingesetzt und geschützt werden. Denn in einer utopischen Welt der Gutgläubigen könnte wohl niemand seinen

Lebensunterhalt verdienen, indem er das kritisiert, was andere aus gutem Glauben heraus erschaffen haben.

Wenn wir den Mut aufbringen, vom Kritiker zum Künstler zu werden, dann ist das schon mal der erste Schritt. Aber bis wir uns über Persönlichkeitsentwicklung und die Entwicklung unseres Charakters wirklich so weit gebracht haben, dass wir unsere Intuition wahrnehmen und sie so zum Erfassen von Inspiration nutzen lernen, ist es halt doch ein langer Weg, der uns Wille, Einsatz und den Glauben an unser Gelingen abverlangt. Diese Durststrecke und all die Herausforderungen, die wir unterwegs antreffen, müssen wir zuerst meistern, bevor die Gesellschaft uns als gutes Beispiel akzeptiert. Vorher aber versucht sie uns zu diffamieren, zu kritisieren und zu verunsichern, um uns wieder in die Reihen der «Normalen» zurückzuführen.

Wer also zum guten Beispiel werden will, der muss in Sachen Leistung, tugendhaftem Verhalten, Besonderheit und Gutgläubigkeit doch einiges an Selbstwillen aufbringen.

Und all das schaffen wir wohl nur, wenn wir uns ein hohes Ideal erschaffen, an dem wir uns orientieren können. Ein solches Ideal erhebt uns zu etwas, das daran glaubt, dass es zu mehr werden kann, als dass die Kritiker uns zu glauben erlauben. Und so werden wir für uns selbst zum Vorbild.

Wer an sich selbst glaubt, dem wird es möglich, seinen eigenen Weg zu gehen. Und nur der eigene Weg führt weg vom Kopieren und Nachahmen. Und genau dies ist der Schritt in unsere persönliche Freiheit. Diese Freiheit reicht vom realen Tun und Handeln bis hinein in die absolute Gedankenfreiheit.

Es ist dies unsere Selbstermächtigung dafür, unser Ich als Vorbild annehmen und akzeptieren zu können.

Aber eben: Dieses Vorbild wird von unseren Mitmenschen nur akzeptiert, wenn wir selbstlos unterwegs sind und auf unserem Weg in tugendhafter Weise voranschreiten, so dass wir niemanden verletzen. Ansonsten werden wir sofort in die Schranken gewiesen. Nicht nur von den Kritikern, sondern auch von den Menschen, die uns am nächsten stehen.

Der Weg zur utopischen Welt der Gutgläubigen kann also nur über tadelloses Verhalten erreicht werden. Denn schon bei der kleinsten Verfehlung wird dem Utopisten jegliche Glaubwürdigkeit und jeder Ansatz an Vorbildfunktion abgesprochen. Und weil niemand von uns perfekt ist, gibt es heutzutage auch keine Idealisten und Gutmenschen mehr; die Anforderungen werden so hoch gesteckt, dass niemand mehr sie erreichen kann.

Das riecht doch irgendwie wieder nach Verschwörung, nicht? Aber das tut unseren Idealen keinen Abbruch. Wir wissen, dass wir über unsere Bemühungen noch allemal dem Durchschnitt die Stange zu halten vermögen. Und wenn man uns nicht als Vorbild akzeptiert, so soll uns das nicht im Geringsten stören, da wir uns ja selbst zum Vorbild nehmen, indem wir ständig unser höchstes Ideal im Blickfeld behalten, und dieses auch ständig zu entwickeln bereit sind.

Der Gutgläubige ist also auf seinem Weg auf sich selbst gestellt. Und das muss auch so sein. Denn auf diesem Weg muss der Gutgläubige an sich glauben lernen. Und an sich glauben, kann nur derjenige, der sich der Wahrheit verpflichtet und ehrlich zu sich selbst ist.

Über Ehrlichkeit zu sich selbst entsteht eine Verpflichtung seiner eigenen Seele gegenüber, die vor Verfehlungen schützen hilft. Der Gutgläubige strebt nach Wahrheit, Aufrichtigkeit und Ehrlichkeit, weil er weiss, dass diese Werte ihn nicht nur schützen, sondern auch weiterbringen helfen.

***

Wenn wir jetzt in uns selbst ein Vorbild gefunden haben, ohne dabei überheblich oder selbstherrlich zu werden, dann haben wir eine Grundlage erschaffen, die uns dabei helfen kann, unseren eigenen Weg zu gehen. Wir streben also Selbstwirksamkeit an, weil daraus etwas Persönliches entstehen kann. Denn wir wollen ja nicht mehr kopieren oder nachmachen.

Da stellt sich uns dann aber eben die Frage, wie wir dies erreichen können.

Wir haben gelesen, dass Intuition zu Inspiration führen kann. Und dass wahre Inspiration zum Erschaffen von etwas Neuartigem führen kann, was aus unserer Einzigartigkeit entspringt.

Also könnte dies unser Weg sein: das Entdecken unserer Intuition. Das nächste Kapitel versucht einen Weg aufzuzeigen, der uns näher an unsere Intuition heranführt.

7   Leere erschaffen

Der Gutgläubige soll also seine schöne neue Welt über seine Ideale selbst erschaffen.

Damit dies möglich wird, muss der Gutgläubige zuerst all den Gerümpel ausmisten, den er nicht mehr braucht. Er muss seine Gefühls- und Gedankenwelt entrümpeln, damit all die Dinge nicht mehr stören und behindern, die von dem eigenen Weg abhalten, indem sie ständig Zweifel erwecken und die Selbstwirksamkeit infrage stellen.

Wer sich bemüht, dies zu tun, der stellt fest, dass die hinderlichen Gefühle und Gedanken meistens nicht die eigenen sind. Es handelt sich um fremde Gefühls- und Gedankenmuster, die wir durch Prägung über unser Umfeld und die Gesellschaft übernommen haben, so dass wir in die Konformität unserer Gemeinschaft hineinpassen, in welcher wir leben.

Wenn wir an uns und an unseren Weg glauben, dann machen wir uns selbstmotiviert auf den Weg dazu, alles Hinderliche und Schädliche loszuwerden. Das führt anfänglich zu Höhenflügen, bringt aber mit der Zeit auch viel Einsamkeit und Traurigkeit mit sich. Denn wer das ablegt, was ihn mit Seinesgleichen verbunden hat, der wird zum Aussenseiter. Aussenseiter sind oft allein, denn sie können nur noch mit Ihresgleichen so sein, wie sie gerne sind. Und gutgläubige Aussenseiter trifft man eben nicht an jeder Ecke.

Wir werden also an Ausgrenzung und somit auch an Selbstzweifeln leiden. Wir leiden, weil wir es so wollen. Leiden hat immer damit zu tun, dass wir das Leiden zulassen.

Aber wenn wir guter Dinge sind, aktiv bleiben und unseren Weg mutig voranschreiten, dann kann sich die Leere, die wir durch das Ablegen schädlicher Gefühls- und Gedankenmuster erschaffen haben, nach und nach wieder füllen. Und das, womit sie sich füllt, wird in ganz anderer Qualität auf uns einwirken als das Ordinäre, womit wir uns vorher zufriedengegeben haben.

8   Leere füllen

Wenn wir uns leer fühlen, und wenn uns unser Leben ebenfalls als leer erscheint, dann können uns nur unsere Ideale und der Glaube daran retten. Alles andere wäre nur Ablenkung, und diese führt früher oder später zu Überdruss, der wieder in die Leere führt.

Der Gutgläubige verfügt über diese erwähnten Ideale und den Glauben daran, weil er ja an das Gute glaubt.

Wer nach Idealen strebt, der hat nicht den Weg gewählt, der am einfachsten zu gehen ist. Aber er hat einen würdigen Weg gewählt, der erhebt und mit der Zeit ermutigt. Denn jede Leere, die wir erschaffen haben, wird sich früher oder später wieder füllen. Und weil wir das Alte weggeschafft und uns davon getrennt haben, kann Neues an die Stelle des alten treten. Und so wie ein neuer Besen immer gut wischt, vermag uns das Neue auch immer wieder zu erfreuen und zu beflügeln.

Das Neue ist wie eine Art Belohnung dafür, dass wir das Alte zurückgelassen haben und so unseren Weg vorangeschritten sind. Und das Neue hilft uns, uns in unserer Persönlichkeit zu entwickeln. So erwecken wir unser Potenzial und entwickeln persönliche Gaben. Und weil wir aktiv und selbstwirksam unterwegs sind, erweitern sich auch unsere Fähigkeiten.

Wir werden dadurch handlungsfähig, selbstwirksam und selbstsicherer. Das war es doch, was wir uns für uns immer gewünscht haben. Oder etwa nicht?

Wer aufgrund der Entwicklung seiner Persönlichkeit über mehr Möglichkeiten verfügt, der verfügt automatisch auch über mehr Freiheit in seinem Denken, Fühlen und Handeln. Und auch die Entscheidungsfreiheit nimmt in dem Masse zu, wie unsere Möglichkeiten sich entwickeln.

Dies alles führt zu Fülle. Und wer in selbst erschaffener Fülle lebt, der darf zurecht glücklich und auch stolz sein.

Aber das Leben ist eben so, dass es uns niemals in Glückseligkeit und Geborgenheit verstauben lässt. Dass Leben schreitet stetig voran. Und wir sollten mit dieser ständigen Veränderung schritthalten. Denn wenn wir es nicht tun, dann wird Ungemach über uns hereinbrechen. Nicht, weil man uns bestrafen will, sondern einfach nur, weil das Leben nur Glück für Entwicklung, nicht aber für Stillstand vorsieht.

Und so kommt es, dass wir einmal mehr das Alte ablegen müssen, um so eine Leere zu erschaffen, die durch Neues angefüllt werden kann. Das ist der ewige Rhythmus des Lebens. Und der Gutgläubige kann sich seine schöne neue Welt nur erschaffen, wenn er sich diesem Rhythmus unterwirft. Tut er es nicht, dann kämpft er gegen den Grund des Seins an sich an.

9　Der Grund des Seins

Es gibt verschiedene Herangehensweisen, um den Grund des Seins zu definieren zu versuchen.

Der biologische Grund des Seins zum Beispiel dürfte die Fortpflanzung sein. Und die Fortpflanzung ermöglicht, dass Lebewesen und Gattungen fortbestehen und sich auch in Form von Evolution entwickeln können.

Aber das wäre eine rein irdische und ziemlich rudimentäre Betrachtungsweise des Lebens. Denn Lebewesen entwickeln sich nicht nur in dem, was sich bei ihren Nachkommen über die Eigenheiten des physischen Körpers abzeichnet, also über die biologische, genetische Entwicklung. Nein, Lebewesen können sich auch in ihren Gefühlen, Gedanken und höheren Fähigkeiten entwickeln. Und auch auf Seelenebene ist eine ständige Entwicklung vorgesehen, denn vieles lässt sich für den Gutgläubigen nur über die Seele und den Weg, den sie geht, erklären und erfassen.

Und wenn man dann all diese Aspekte miteinbezieht, und davon ausgeht, dass es noch mehr Aspekte geben würde, die uns aber wohl verborgen bleiben, dann dürften wir erkennen, dass es beim Grund des Seins um ein ständiges Lernen geht, das uns dabei hilft, uns auf allen Ebenen über Erkenntnis und Weisheit zu entwickeln.

Der gutgläubige Utopist hat viel die weitreichenderen Möglichkeiten, sich zu entwickeln. Denn er gesteht sich diese Entwicklung selbst zu, indem er an sich selbst glaubt und gleichzeitig auch an all das, was er zu erdenken imstande ist. Vielleicht sogar noch einiges mehr. Wer sich seine Optionen offenhält, der hat sogar die Möglichkeit, über Erkenntnis auf Dinge zu stossen, wovon er gar nicht gewusst hat, dass es diese geben könnte. Und so kann unser Leben immer und immer wieder zu einer Wundertüte werden, in welcher wir etwas finden, wovon wir nicht gewusst haben, dass es sich in der Tüte befindet.

Im Gegensatz zum Gutgläubigen trifft der Miesmacher keine Überraschungen an. Und wenn doch, dann nur schlechte. Denn er orientiert sich ja am Negativen. Und wer nur nach Negativem Ausschau hält, der kann das Gute nicht erkennen, weil er nicht danach sucht. Wir können nur sehen, wonach wir suchen. Es sei denn, wir lernen achtsam zu werden.

Aber das ist ein anderes Thema, das über die *«Arbeitsbücher der Achtsamkeit»* angegangen werden kann.

Hier befassen wir uns mit dem Grund des Seins.

Auch die Religion befasst sich mit diesem Grund. Und jede Religion gibt somit auch einen Grund für unser Sein an.

Der Autor ist den Religionen gegenüber offen, denn über sie kann Inspiration erfahren werden. Wer Religionen ablehnt, kann von dieser Inspiration nicht profitieren. Anstatt also zum Religionskritiker zu werden, versucht der Autor sich im Beobachten zu entwickeln. Und so kam es, dass er in der Bibel auf die Aussage stiess, dass *Gott den Menschen nach seinem Ebenbild erschaffen habe*. An einer anderen Stelle in der Bibel aber steht auch, dass *sich der Mensch von Gott kein Bildnis machen solle*.

Wenn der Mensch also Ebenbild Gottes sein soll, sich aber kein Bild von Gott machen soll, so kann das dem gutgläubigen Utopisten dabei helfen, seinen Weg zu gehen. Was das bedeuten könnte, versucht das nächste Kapitel in einem der vielen möglichen Ansätze aufzuzeigen.

10 Welten kreieren

Wenn Gott die Erde erschaffen hat, und alles, was darauf lebt, dann hat er sich dabei an Regeln gehalten, die wir bestaunen und bewundern dürfen.

Denn Gott hat zum Beispiel keine Spezies erschaffen, die eine andere Gattung ausgelöscht hat. Abgesehen vom Menschen.

Dem Menschen hat er die Möglichkeiten dazu gegeben, andere Lebewesen in ihrer Art zu vernichten. Er hat also dem Menschen sehr viel Macht in Form von Potenzial eingeräumt.

Wahre Macht ist, über sie zu verfügen, sie aber nicht zu benutzen. Und somit geht mit grosser Macht grosse Verantwortung einher.

Ein Mensch, der diesen Grundsatz einhält, darf bestaunt und bewundert werden.

Gäbe es den Menschen nicht, so würde sich die Welt wohl ruhig und gemächlich im Rahmen der ewigen Evolution weiterentwickeln. Aber sie würde dabei in gewissen Bereichen an ihre Grenzen stossen. Denn wenn die Pflanze sich aus dem Stein, und das Tier sich aus der Pflanze heraus entwickelt hat, so verfügt jede Entwicklungsstufe über mehr Möglichkeiten als die vorangehende. Und wenn der Mensch sich aus dem Tier heraus entwickelt haben dürfte, so verfügt auch er über mehr Potenzial als ein Tier. Denn während ein Tier im Empfinden seiner Gefühle und im Entwickeln von Gedanken an seine Grenzen stösst, kann ein Mensch viel weitreichendere Gedankengänge anstellen. Zum Beispiel kann er eine Relation erkennen zwischen Ursache und Wirkung. Natürlich kann das ein Tier auch. Deshalb schlagen ja Raubtiere immer wieder an der gleichen erfolgsversprechenden Stelle Beute. Aber der Mensch hat eben die Möglichkeit, die Erkenntnis aus Ursache und Wirkung zu abstrahieren, so dass er über Logik und Kausalität auch andere Geheimnisse damit zu enthüllen vermag. Und so wurde es dem Menschen möglich, besonders im wissenschaftlichen Bereich viel Neues zu entdecken.

Aber eigentlich handelt es sich dabei nur um Entdeckungen. Denn wenn jemand herausfindet, dass Uran radioaktiv ist, und dass man über Kernspaltung daraus Energie gewinnen kann, dann ist dies nicht eine Neuerschaffung, sondern eben «nur» eine Entdeckung.

Dennoch ist es erstaunlich, dass der Mensch auf solche Geheimnisse gestossen ist. Es könnte also sein, dass die Aufgabe des Menschen daraus besteht, Gegebenes auf Erden zu entdecken und dadurch die Welt in ihrem Bestehen weiterzuentwickeln.

Aber das würde bedeuten, dass der Mensch nicht Ebenbild Gottes, sondern «nur» Werkzeug Gottes wäre.

Was wäre jetzt aber, wenn der Mensch sich selbst weiterentwickeln könnte, so dass er über die Spezies Mensch hinauskommt. Wenn er sich zu einer neuen Entwicklungsstufe emporheben könnte? Einer Stufe, auf welcher dem Menschen noch mehr Potenzial zugestanden würde, weil er sich ja entwickelt hat und man ihn gefahrlos mit mehr Macht und den damit einhergehenden Möglichkeiten betrauen dürfte?

Der Autor glaubt daran, dass dies möglich ist. Klar, er ist Utopist, und darf das. Aber er kann nichts beweisen.

Aber der utopische Gutgläubige glaubt ja an eine schöne neue Welt. Und diese schöne neue Welt kann nur Realität werden, wenn genügend Menschen daran glauben, dass sie sich entwickeln können, damit dadurch die Menschheit durch Entwicklung auf eine neue Stufe emporgehoben werden darf.

Momentan darf der Menschheit aber noch nicht mehr Macht und Potenzial eingeräumt werden. Denn sie würde sich selbst damit vernichten.

Wenn jetzt aber gutgläubige Utopisten über ihre Ideale und ihre subjektiven Vorstellungen über eine schöne neue Welt dazu beitragen, dass sich die Menschheit in ihren Ansichten, Haltungen, Normen und Idealen verändert, dann könnte dies zu einer evolutionären Entwicklung der Menschheit beitragen. Gleichzeitig aber würden sich diese Utopisten selbst über ihr Tun und Denken entwickeln. Womöglich so weit, dass sie zu den Wegbereitern einer neuen Spezies werden...

Nun, aufgrund spirituellen Wissens glaubt der Autor, dass diese Spezies bereits besteht. Dies deshalb, weil diverse weitentwickelte Menschen davon berichten.

Und über dieser weitentwickelten, der Mehrheit der Menschheit noch unbekannten Spezies, dürfte es noch weitere Stufen geben.

Es kann sehr gut sein, dass das, worein wir nach unserem Menschsein eintreten werden, wenn wir uns dafür als würdig erwiesen haben, die Engelswelt ist. Aber wahrscheinlich werden wir die Wahl haben, wie es mit uns weitergehen soll. Denn Gott hat uns nach seinem Ebenbild erschaffen. Und je mehr wir uns ihm über unsere Ideale annähern, je mehr Möglichkeiten stehen uns offen. Und dies dürfte immer weiterführen, bis wir selbst in der Lage sind, die Welt zu kreieren – weil wir dazu würdig sind, da wir unseren Selbstvorteil vollumfänglich abgelegt haben und zu selbstlosem Dienen bereit sind.

Wie dem auch sei. Unsere Welt kreieren dürfen wir ja schon jetzt. Wir tun dies einfach in unserem Geiste. Und so gesehen braucht es nicht lange Exkurse darüber, woher der Mensch kommt, und wohin er geht. Es reicht ganz einfach, dass wir das Potenzial unseres Geistes erkennen. Und damit wir mit diesem Potenzial keinen Unfug treiben, sollten wir unsere eigenen Richtlinien aufstellen.

11 Werte definieren

Wenn mit grossem Potenzial grosse Verantwortung einhergeht, dann sollten wir als gutgläubige Utopisten die Aufgabe wahrnehmen, und für uns selbst Werte definieren, die uns dabei helfen, verantwortungsvoll mit unseren Möglichkeiten umzugehen.

Wir müssen es selbst tun, weil es sonst niemand anderes für uns tut. Und weil wir auch nur uns selbst vertrauen dürfen, weil wir nur bei uns selbst abschätzen können, ob wir in aufrichtiger und selbstloser Weise unterwegs und somit vertrauenswürdig sind.

Für sich selbst Werte zu definieren, die sich an der ethisch goldenen Regel orientieren und das Anstreben hoher Ideale erlauben, bedeutet nichts anderes, als sich in seinem Charakter zu entwickeln. Und weise Menschen haben immer wieder gesagt, dass das nicht nur der Weg ist, der zu uns selbst führt, sondern dass es auch der Weg ist, der zu all den Geheimnissen führen kann, die es für uns zu entdecken gibt.

Wenn wir etwas Neues, Geheimnisvolles entdecken, dann dürfte dies kein Zufall sein. Denn von Nichts kommt nichts.

Die Frage ist nur, was es denn sein könnte, was uns dazu anhält, so zu denken oder zu handeln, dass wir das Geheimnisvolle entdecken dürfen.

Spirituelle Kreise kennen die sogenannten «geistigen Helfer». Ob man diese edlen Wesen als «Seelenführer», «Geistführer», «Engel» oder sonst wie bezeichnet, darauf kommt es wohl nicht an. Auch ob es diese edlen Wesen gibt, spielt dem gutgläubigen Utopisten keine Rolle, denn er ist ja offen in seinem Geiste und in seiner Weise zu denken.

Wenn aber der Utopist bereit dazu ist zu glauben, dass ihm edle Wesen dabei helfen, an seiner selbstlosen Vorstellung einer schönen neuen Welt zu arbeiten, dann entsteht ihm daraus ein grosser Vorteil: Er kann dann davon ausgehen, dass er nicht allein ist. Und wenn man auf die Hilfe hoher Wesen zählen darf, so wird einem sehr vieles möglich. Und wer dann auch noch ausprobiert, der wird diese neu entstandenen Möglichkeiten auf die eine oder andere Weise erfahren, was seinen Glauben daran, und seinen Glauben an den Weg, den er geht, stärken hilft.

Der Autor hätte früher über Argumentationsweisen wie die obenstehende gelächelt und für sich gedacht: «Glaube es, wer wolle…!»

Heute aber glaubt er an solche Sachen. Weil er selbst ausprobiert hat. Und die Tatsache, dass er dadurch

Dinge zu realisieren vermochte, die ihm vorher unmöglich gewesen wären, bestätigt ihm, dass er richtig liegt. Aber erklären kann man all das eben nicht auf logische und rationale Weise. Und darum dürfen Utopisten gerne von Geheimwissen sprechen, wenn es um die Vorgehensweise geht, wie man Unmögliches möglich machen kann.

Aber was hat das alles mit dem Definieren von Werten zu tun?

Nun, wir glauben ja daran, dass uns gute Wesen helfen, weil wir eine schöne neue Welt zu erschaffen wünschen. Und diese Wesen helfen uns nur, weil wir selbstlos unterwegs sind und das Gute mehren möchten. Wären wir egoistisch unterwegs, und würden wir über unser Denken und Tun schaden, dann dürften die geistigen Helfer uns nicht trauen, und würden uns entsprechend auch nicht helfen.

Weil wir aber ihre Hilfe gerne in Anspruch nehmen würden, schaffen wir selbst die Grundlage dafür, dass sie uns unterstützen können. Und das tun wir eben, indem wir für uns Richtlinien in Form von Werten und Werthaltungen aufstellen, die uns als Verhaltensrichtlinien gelten, und die gleichzeitig für die geistigen Helfer zum Versprechen werden, dass sie uns im Rahmen unserer Charakterbildung vertrauen dürfen.

Wenn wir für uns Werte aufstellen, dann gelingt uns das nur, indem wir über unser Denken und Handeln nachdenken. Und indem wir das tun, wird es uns möglich zu erkennen, was bereits gut ist. Und wir können das weiterentwickeln, was noch verbesserungswürdig ist. Wir tun dies, indem wir das Mangelhafte entweder auszumerzen oder in etwas Positives transformieren.

Werte helfen uns also dabei, über uns und unser Handeln zu reflektieren. So wird nicht nur bewusste Persönlichkeitsentwicklung möglich, sondern eben auch das bewusste Entwickeln unseres Charakters.

Beides hilft, uns in unserem Verhalten und dadurch auch in unserer Vertrauenswürdigkeit zu erheben. Und das wiederum führt dazu, dass wir auf mehr Hilfe vertrauen dürfen, was unser Potenzial erweitern und unseren Glauben stärken hilft.

Ja, der gutgläubige Utopist kann auf Mechanismen geistiger Natur setzen, die einem Realisten verwehrt bleiben. Und vielleicht deshalb, fällt es dem Utopisten leichter, selbstlos zu denken und zu handeln. Weil er erfahren durfte, wie einfach die Dinge sich bewerkstelligen lassen, wenn man dabei unterstützt wird. Und weil der Utopist weiss, wie man diese Unterstützung erhalten kann, wünscht er sich diese für alle anderen auch.

Aber er kann den anderen eben nicht erzählen, was sie tun könnten, und was sie dafür erhalten würden. Denn sie würden ihm nicht glauben. Und er kann sich auch nicht für die andern in Persönlichkeit und

Charakter entwickeln, denn das müssen sie selbst tun. Und er kann auch nicht für andere Werte und die ihnen entsprechenden Verhaltensweisen wie Ehrlichkeit, Aufrichtigkeit, Selbstlosigkeit et cetera definieren, denn die anderen würden diese Werte nicht annehmen.

Und so bleibt dem Utopisten einzig und allein die Möglichkeit, seinen eigenen Weg zu gehen. Oder aber, er wagt es und outet sich als Utopist. Dies tut er, indem er von seinen Vorstellungen und Idealen über eine schöne neue Welt berichtet.

Zwar wird er dann von vielen Menschen als utopisch und weltfremd abgestempelt. Aber gleichzeitig kann er über seine öffentlich gewordenen Gedanken etwas bewirken. Denn alles hat eine Wirkung. Somit hat auch jeder Gedanke von uns eine Wirkung.

Wenn wir uns jetzt aber lieber nicht als Utopist outen möchten, dann können wir immer noch einen Zwischenweg wählen und in Form einer Geschichte etwas im Rahmen von Fantasie oder Fiktion erschaffen, was dann allgemein akzeptiert wird, weil allen klar ist, dass das nur erfunden sein kann.

Der gutgläubige Utopist aber verhält sich nicht so wie alle anderen Menschen, wenn er auf eine Geschichte trifft, die ihn berührt. Im Gegenteil: Er weiss, dass es sich bei dieser Geschichte um einen Hinweis eines anderen Utopisten handeln könnte. Und darum widmet er dieser Geschichte, die in Form eines Films, eines Märchens, eines Romans oder sonst wie daherkommt seine Aufmerksamkeit. Und weil er dann achtsam konsumiert und wahrnimmt, ist es durchaus möglich, dass er zwischen den Zeilen allgemeine Wahrheiten, Werte, Ideen und Vorgehensweise entdecken kann, die ihm weiterhelfen auf seinem eigenen Weg.

Und dies dürfte wohl der gängigste Weg sein, wie Geheimwissen heutzutage vermittelt wird: Indem man es offiziell als Fantasie deklariert, im Wissen, dass diejenigen, die imstande sind, von diesem Wissen zu profitieren, ziemlich rasch merken werden, wo sie was für sich herausnehmen können.

Und der Autor tut ja mit diesem Büchlein hier irgendwie das Gleiche. Auch er redet offiziell von utopischen Vorstellungen. Aber was in den einzelnen Kapiteln steht, kann achtsamen Utopisten Quantensprünge ermöglichen.

Wie der Autor den Weg zu Geheimwissen gefunden hat, welches für uns in utopischen, fantastischen, fiktiven oder einfach nur «erfundenen» Geschichten bereitliegt? Indem er als Teenager Gefallen an einem speziellen Lied gefunden hat…

12 Future World

Future World war der Titel dieses Liedes, welches vor Jahrzehnten unbewusst so viel Einfluss auf den Autor hatte, dass er es heute wieder ausgräbt und ihm ein eigenes Kapitel widmet. Ja, die Idee dieser Zukunftswelt, wie sie im Rocksong geschildert wird, hatte so starken Einfluss, dass sie für den Autoren die Grundlage dafür legen konnte, an seine Zukunft und an eine bessere Zukunft für alle Menschen zu glauben, die bereit sind, sich dem Guten hinzugeben, nur, indem sie sich nicht davor verschliessen.

Um den Inhalt des Songtextes soll es aber in diesem Kapitel nicht gehen, denn diesen kann die Leserschaft selbst ausfindig machen, ihn für sich aus dem Englischen ins Deutsche übersetzen und dabei Inspiration erfahren.

Es geht hier um die Idee der Welt der Zukunft.

Wir wissen nicht, was die Zukunft bringen wird. Und das ist auch gut so. Wir können aber anhand der Gesetzmässigkeiten von Ursache und Wirkung in etwa abschätzen, in welche Richtung es gehen könnte, wenn die Mehrheit sich gleich verhält, wie sie es jetzt tut.

Wenn wir mit dem nicht zufrieden sind, was wir aufgrund des Ist-Zustandes abschätzen können, dann gibt es eigentlich nur eine Alternative dazu, wenn wir unseren Glauben an eine bessere Zukunft nicht aufgeben wollen: Wir müssen uns anders verhalten, als dass es die Mehrheit momentan tut.

Natürlich wäre es gut, wenn alle sich anders verhalten würden. Denn so könnten gewisse Probleme auf einen Schlag gelöst werden. Aber wir können uns eben nur selbst verändern, und somit können auch nur wir uns anders verhalten.

Was es bedeutet, wenn wir uns anders verhalten, haben wir in den vorangehenden Kapiteln bereits erfahren. Wir werden im besten Fall zum utopischen Gutgläubigen. Im schlimmsten Fall werden wir zum Aussenseiter, der ausgegrenzt und einsam leben muss uns leidet.

Nun, leiden tun wir ja, weil wir es wollen. Indem wir aber an eine bessere Zukunft glauben, kann uns über die Kraft der Hoffnung geholfen werden. Also tun wir besser daran, an eine gute Zukunft zu glauben, als uns in unserem Elend zu suhlen und zu leiden.

Und wenn wir jetzt auch noch in unserem Denken und Handeln aktiv werden, so erschaffen wir uns dadurch nicht nur Sinnhaftigkeit im Leben, weil wir uns so etwas zu tun geben. Nein, wir ermöglichen es den geistigen Helfern auch, dass sie uns helfen können. Denn Wunder können sich nur einstellen, wenn wir ihnen die Möglichkeit dazu geben. Und diese Möglichkeit erschaffen wir eben, indem wir aktiv denken und diese Gedanken dann auch umzusetzen versuchen. Das muss nichts

Weltbewegendes sein. Es reicht bereits, wenn wir etwas Pflanzen, für jemanden etwas kochen oder basteln, oder wenn wir eine Zeichnung machen.

Ganz egal, wie klein das ist, was wir tun, und wie hilflos und unwirksam es uns im Moment erscheint – alles hat seine Wirkung…

Und wenn eine Band aus Jugendlichen einen Liedtext benötigte, weil sie mehr Songs für ihr neues Album brauchte, dann hätte sie wohl damals noch nicht geglaubt, dass das Thema *Future World* für so viele junge Menschen zu einer Orientierungshilfe und Motivation im Alltag werden könnte.

Ja, unser Glaube an eine bessere Zukunft gibt uns die Kraft, die wir benötigen, um aktiv zu bleiben und selbstbestimmt vorwärtszuschreiten. Fehlt uns diese Kraft, so nehmen wir uns selbst damit unsere Hoffnung. Und ohne Hoffnung müssen wir auf die Energiequelle verzichten, die der Menschheit schon immer geholfen hat, sich aus misslichen Lagen zu befreien.

Tut der Gedanke daran nicht gut, dass es irgendwo in der Zukunft einen Ort geben könnte, wo Gleichgesinnte sich zusammenfinden und miteinander glücklich das tun können, was sie auf allen Ebenen erfüllt?

Nun, seien auch Sie bereit, an das zu glauben, was sein könnte. Sind Sie dazu nicht bereit, dann erhalten

Sie auch keinen Einlass in eine Welt der Zukunft, die eine Lebensweise möglich macht, wie Sie es sich wünschen.

***

Manche denken, es sei ohnehin alles zu spät. Und dass es sich nicht lohnen würde, aufgrund von dem, was ist, noch etwas verändern und neu aufbauen zu wollen. Sie denken viel mehr, es wäre besser, ganz neu zu beginnen.

Dass ein Neuanfang viele Veränderungen auf einen Schlag möglich macht, das wissen wir. Aber sind wir uns auch bewusst, was es bedeutet, wenn ein Neuanfang nötig wird?

Noah sollte eine Arche bauen, um einer Handvoll Menschen und Tieren einen Neubeginn zu ermöglichen. Welchen Preis haben alle andern bezahlt, damit der Neuanfang möglich wurde?

Wir Menschen haben ein Versprechen in Form eines Regenbogens erhalten, dass es auch ohne Untergang und Neuanfang gehen können soll.

Wir sollten dieses Zeichen ehren und sein Andenken weitertragen, indem wir die Geduld für eine nachhaltige Veränderung aufbringen, und nicht über revolutionäres Verhalten, Aufruhr, Gewalt, Krieg und Untergang einen Neubeginn anstreben, der zwangläufig den Untergang der einen fordert, damit die andern ohne grossen Selbstaufwand das erhalten, was sie denken, was gut für sie wäre.

Neubeginn hat immer mit Untergang zu tun. Und beides kann Disharmonie auslösen, wenn wir es als Zwang über die Menschheit legen.

Im Gegensatz dazu kann Veränderung langsam, nachhaltig und wohlwollend wirken. Und wenn wir bei uns selbst ansetzen, so wird auch niemand gegen seinen Willen gezwungen, das Gleiche zu tun.

Dennoch hat jede Veränderung in uns auch ihre Wirkung auf unser Umfeld. Wir müssen nur die Geduld dafür aufbringen, dass diese Veränderung sich realisieren kann. Und da müssen wir in unserer Kleinheit halt weiterdenken als von heute auf morgen. Ausserdem müssen wir uns bewusst sein, dass unser Wille nicht für alle gut wäre. Und darum ist es wichtig, dass wir selbstlos unterwegs sind. Denn unsere Selbstlosigkeit ermöglicht es den geistigen Helfern, dass sie über uns etwas erschaffen und manifestieren können, was viel weitsichtiger und nachhaltiger sein kann, als das, was wir in der Begrenztheit unseres Verstandes zu erschaffen vermögen.

Ein utopischer Gutgläubiger glaubt nicht an Ende und Neuanfang, weil er den Scherbenhaufen vermeiden will, der dabei entsteht. Der utopische Gutgläubige glaubt hingegen an die Kraft der Veränderung. Er glaubt daran, weil er über sich selbst erfahren durfte, dass dieser Weg der richtige ist.

Mehr gibt es dazu nicht zu sagen.

13 Der Neubeginn

Wer für sich selbst Veränderungen zulässt, der verändert sich auch. Und rückblickend können die meisten, die diesen Weg gegangen sind, für sich eine Situation oder ein auslösendes Ereignis ausmachen, das als Ausgangspunkt für all das verantwortlich zeichnet, was sich in uns und für uns verändern konnte.

Dieser Ausgangspunkt setzen wir dann häufig als «Neubeginn» für unsere neue Art zu leben ein.

Es ist gut möglich, dass dies eine Fehlannahme ist.

Denn von nichts kommt nichts. Und alles braucht seine Zeit. Und Zufälle gibt es nicht. Es gibt nur Fügung und Bestimmung.

Und so könnte es dem utopischen Gutgläubigen möglich werden zu erkennen, dass das Ganze tatsächlich viel grösser ist, als dass er selbst geglaubt hätte…

***

Wir erhalten jeden Tag wieder die Möglichkeit, neu zu beginnen. Aber wer neu beginnt, der wendet sich vom Alten ab. Wäre es nicht besser, das Alte nochmals in Ruhe zu überdenken, seinen Frieden damit zu schliessen und es dann bewusst und gewollt abzulegen, anstatt sich von ihm abzuwenden und es so von sich zu weisen und zu verdrängen?

Ein wahrer und nachhaltiger Neubeginn kann uns nur gelingen, wenn wir mit dem Vorgängigen unseren Frieden finden. Schaffen wir das nicht, so werden wir immer eine Pendenz mit uns herumtragen, die uns im Alten verhaften lässt, so dass auch unser Neubeginn niemals zu dem erwachsen kann, was unser Leben zur Blüte bringt.

Veränderung findet fliessend statt, nicht abgeschnitten und ruckartig. Wenn wir uns in den Fluss des Lebens begeben, dann nehmen wir diese Dynamik des Fliessens als Grundlage für unsere Entwicklung an.

Alles andere zeugt von Unreife und noch nicht genügend entwickeltem Charakter.

Wenn die Dinge also nicht so laufen, wie wir wollen, dann darum, weil wir uns noch nicht so weit entwickelt haben, wie wir sollten, damit man uns das geben kann, wonach wir suchen.

***

Dann, wenn die Ungeduld zum Problem wird, dann denken viele von uns, man sollte sich mit andern zusammentun, damit man über Kooperation schneller das erreicht, was man denkt, was gut wäre.

Es stimmt, dass Kooperation eine der stärksten Kräfte der Menschheit ist. Aber die Kooperation kann nur so weit wirken, wie der Charakter der einzelnen Kooperationsmitglieder entwickelt ist. Und

58

Charakterbildung ist nun mal etwas, was jeder nur für sich entwickeln kann. Denn tut es die Gemeinschaft, dann endet sie schnell in Vermessenheit. Am Wesen einer einzelnen Gruppe kann die Welt nicht genesen – das hat uns die Weltgeschichte auf tragische Weise aufgezeigt.

Und darum sollten wir es wagen, unsere schöne neue Welt ohne die Unterstützung oder den Einfluss von andern, und schon gar nicht über einen einschneidenden Neubeginn aufbauen zu wollen.

14 Ohne die andern

Nichts an uns ist genau so, wie es bei den andern ist. Das ist eine Tatsache, die auf unserer Einzigartigkeit beruht.

Wenn jetzt immer wieder Bestrebungen laufen, die Menschen alle gleichzumachen, dann muss das von Beginn weg ein Irrtum sein.

Gleichmacherei hat noch niemals zu einer Lösung geführt, die für alle gut war. Denn Gleichmacherei orientiert sich an der Mehrheit. Und überall, wo es eine Mehrheit gibt, gibt es auch eine Minderheit. Und diese Minderheit besteht wiederum aus einer Mehrheit und aus einer Minderheit, die aus Randgruppen besteht. Und so geht das immer weiter, bis hin zum einzelnen Menschen, der noch alleine dasteht.

Ein einzelner Mensch, der nirgendwo dazugehört, ist für die Gleichmacher ein Aussenseiter. Man könnte aber auch sagen, es handle sich um einen Menschen, der seinen eigenen Weg geht. Wenn man das tut, und der besagte Mensch seinen Weg bewusst geht, dann kann er zu einem Pionier, zu einem Entdecker werden. Und wenn er seinen Weg auch noch so geht, dass er die Freiheiten und Rechte der anderen achtet und bewahrt, dann wird er womöglich gar zu einem Vorbild.

Gleichmacherei versucht alle gleichzumachen. Wo finden dann die Vorbilder noch Platz, wenn alle gleich sind?

Wir erkennen, dass wir als gutgläubiger Utopist nicht auf Gleichmacherei setzen dürfen, wenn wir unsere schöne neue Welt jemals zu erleben wünschen.

Und somit dürfen wir zwar Wegabschnitte mit Gleichgesinnten teilen und dadurch Inspiration erfahren. Aber trotzdem müssen wir unseren Weg ohne die andern gehen. Ansonsten können wir nicht zum Pionier und auch nicht zum Vorbild werden. Und wenn wir dies nicht können, dann nimmt uns niemand als glaubwürdig wahr. Und somit scheitert auch unser Traum von einer schönen neuen Welt.

Der utopische denkende Gutgläubige ist also gezwungen, zumindest in seinem Geiste einen eigenen Weg zu gehen. Ansonsten können seine wohlwollenden Absichten der Menschheit gegenüber niemals ihre Wirkung entfalten.

Ja, das ist tragisch. Denn wer allein seinen Weg gehen muss, der wird zum Aussenseiter und wird somit in seinem Leben viel alleine sein.

Aber wer alleine ist, der darf immer auch die Kehrseite der Medaille erleben: Nichts ist nur schlecht! Das duale Prinzip lehrt uns, dass wir das Eine nicht ohne das Andere erreichen können.

Und so dürfte derjenige, der alleine ist, Dinge erleben und erfahren, die sein Alleinsein zu einem Glück werden lassen.

Woraus dieses Glück besteht, kann und darf hier nicht geschrieben werden. Dass es sich lohnt, dürften aber all die Einsiedler, Eremiten und Philosophen beweisen, die auf diese Weise gelebt haben. Denn wenn jemand die Einsamkeit wählt und dabei nur leidet, wäre er ja blöd. Also muss das Alleinsein auch durchaus seine Vorteile haben. Und da solche Menschen immer wieder von anderen Menschen aufgesucht wurden, die um Hilfe baten, dürfte uns auch klarwerden, dass derjenige, der das Glück des Alleinseins erfahren durfte, dadurch in die Lage versetzt wird, anderen zu helfen. Eben deshalb, weil er die Gleichheit verlassen und an sich selbst geglaubt hat. Und weil er weiss, wie es ist, wenn man seinen Weg geht und zum Aussenseiter wird. Jede Erfahrung, die wir machen, hilft uns unsere Mitmenschen besser zu verstehen…

Wer ohne die anderen seinen Weg geht, der kann das entdecken, was die Gemeinschaft niemals zu entdecken vermag. Dem ist einfach so. Und darum tut der gutgläubige Utopist gut daran, seine Utopien alleine zu erschaffen. Er kann sie dann immer noch mit anderen teilen und dadurch Inspiration vermitteln oder erfahren. Und gerade darum geht es ja. Wenn alle ihren Weg gehen, dann finden alle etwas anderes. Dieses dann mit anderen zu teilen, führt zu weit mehr

Inspiration, als wenn alle den Weg gemeinsam gehen, so auch das Gleiche entdecken und folglich auch nur das Gleiche miteinander teilen können.

Wer mit andern nach dem sucht, was andere vorgegeben haben, wonach man suchen soll, der wird lange suchen und wenig finden.

Wer aber seinen eigenen Weg geht und sich an dem erfreut, was er, ohne zu suchen, antrifft, der darf sich an sehr vielen Entdeckungen erfreuen.

Wir sehen, dass eine gezielte Suche sehr oft keinen Erfolg bringt, und daher vergebens ist. Damit dies dem Gutgläubigen nicht passiert, gehen wir über ins Thema des nächsten Kapitels.

15 Die vergebliche Suche

Wenn wir etwas suchen, dann hängt unser Erfolg von gewissen Parametern ab. Zum Beispiel sind unsere Erfolgsaussichten höher, wenn wir nach etwas suchen, was häufig vorkommt. Und wenn wir auch noch am richtigen Ort suchen, das heisst dort, wo das Gesuchte gefunden werden kann, dann stehen unsere Aussichten gut.

Der Autor sammelt gerne Pilze. Und sehr oft ist seine Suchen von Erfolg gekrönt.

Dieser Erfolg ist kein Zufall. Denn er Autor weiss aufgrund seiner reflektierten Erfahrungen, wo es um welche Zeit bei welchen klimatischen Bedingungen welche Pilzarten zu finden gibt. Also muss er Autor nur den Wetterverlauf der letzten Tage beobachten, und schon kann er ziemlich genau abschätzen, ob sich ein Pilzausflug lohnt oder nicht.

Wer über die einzelnen Parameter, die Einfluss auf den Erfolg einer Suche nehmen, nicht Bescheid weiss, der muss auf gut Glück suchen. Und wer auf gut Glück sucht, der sucht die Nadel im Heuhaufen.

Die Nadel im Heuhaufen zu suchen, macht kaum Spass. Dem ist so, weil nicht nur die Erfolgsaussichten klein sind, und es darum schwierig ist, Ambitionen für die Unternehmung aufzubringen. Nein, auch während der Suche bleibt der Erfolg meistens aus, was der Motivation schadet. Und wer dann nach der Suche über seinen Misserfolg reflektiert, der erkennt auch noch, dass der Suche die Sinnhaftigkeit gefehlt hat.

Und wohl deshalb, suchen die meisten Menschen schon gar nicht nach etwas. Sie denken, dass sie ohnehin nichts finden würden.

Warum dann so viele Menschen Lotto spielen, was ja auch eine vermeintliche Suche nach einer bestimmten Art Glück ist, darüber soll hier nicht Zeit verloren werden. Tatsache ist nur, dass der rein theoretische schnelle Gewinn die Lottospieler über ihre Gier verblendet und sie so die Parameter ihrer Glückssuche nicht rational analysieren lässt. Lotto hat mit Glück zu tun. Und Glück lässt sich nicht erzwingen.

Wer aber nach einer glücklichen, schönen neuen Welt strebt, der will kein Glück erzwingen. Denn das Glück einer schönen neuen Welt muss sich nicht über konkret eintreffende Ereignisse bestätigen. Es geht mehr um eine Art Übergang in eine andere Art der Bewusstheit und Wahrnehmung dessen, was ist, und was sein könnte. Somit wird nicht auf konkrete Weise nach etwas bestimmtem gesucht. Nein, der gutgläubige Utopist öffnet sich eher all den Möglichkeiten, die einem begegnen können, wenn man sich ihnen öffnet. Und man öffnet sich ihnen, wenn man an das Gute glaubt.

So wird aus einer Suche auf gut Glück eine Lebensweise, die sich an dem zu erfreuen vermag, was man antreffen, wahrnehmen und so entdecken darf.

Eine optimistische Lebensweise ist nicht eine vergebliche Suche. Denn sie ist nicht von einem konkreten Resultat abhängig. Und somit kann sie nicht durch Enttäuschung und Misserfolg in ihrer Wirkung und Sinnhaftigkeit geschmälert werden. Vielmehr lässt sie uns erkennen, dass die Brille, die wir suchen, an und für sich schon die ganze Zeit auf unserer Nase gesessen hat…

16 Die Brille sitzt auf der Nase

Manchmal sehen wir vor lauter Bäumen den Wald nicht mehr, weil wir die Nadel im Heuhaufen suchen und so Haare spalten, anstatt dass wir uns an der Taube auf dem Dach erfreuen würden.

Es sind immer die gleichen Faktoren, die uns daran hindern, dass wir das erkennen können, was uns bereits gegeben ist, und dass wir auch das Gute darin zu schätzen vermögen.

Wir könnten jetzt zu erklären versuchen, wie man lernt zu erkennen, ob die Brille bereits auf der Nase sitzt, oder ob man sie sonst wo suchen muss. Das wäre ein recht schwieriges Unterfangen. Denn es würde ja im weiteren Sinne darum gehen, Achtsamkeit zu lehren. Achtsamkeit ermöglicht es uns, all den auf uns einwirkenden Ablenkungen zu widerstehen und sich auf das Wesentliche konzentrieren zu können, so dass uns eben das nicht entgeht, wonach wir doch eigentlich Ausschau halten.

Wer seine Brille sucht, dabei aber nicht bemerkt, dass er diese bereits trägt, der ist irgendwie nicht so ganz bei der Sache. Und irgendwie ist er auch auf dem einen Auge blind. Beides hat seine Ursachen.

Jemandem zu sagen, er solle dieses oder jenes tun, damit er klarer sehe, dürfte also nur bedingt zum Erfolg führen. Wenn wir aber die ablenkenden

Faktoren etwas genauer betrachten und auf sie hinweisen, dann könnte dies demjenigen, der zu erkennen wünscht, bei seiner Suche helfen.

Darum hier ein paar Faktoren, die uns häufig davon abhalten, dass wir unsere Prioritäten falsch setzen, das Wesentliche nicht zu erkennen vermögen oder nach dem Falschen suchen:

Hast, Stress und Unruhe – Wir leben in einer schnellen Welt, in der sehr viel kommuniziert, gearbeitet, erledigt und vom Zaun gebrochen wird. Wer immer nur rennt, nie aber zur Ruhe kommt, der steigert sich in einen Zustand der immerwährenden Unruhe. Und dieser Zustand führt dazu, dass ein Mensch das Wesentliche übersieht, gar keine Zeit zum Suchen findet und auch nicht über seine Prioritäten nachdenkt. Wer sich also nicht regelmässig und ganz bewusst Ruhe verschafft, damit er Zeit hat runterzufahren und seine Gedanken zu ordnen, der hastet mit der Zeit nur noch umher und ist kaum noch in der Lage zu merken, ob er eine Brille auf seiner Nase trägt oder nicht. Wer seine Brille nicht mehr wahrnimmt, der nimmt auch sehr viel anderes nicht mehr wahr.

Verblendung – Wer nach dem Falschen sucht, der findet seine Brille niemals, weil er nicht nach ihr Ausschau hält. Da spielt es keine Rolle, ob die Brille schon auf der Nase sitzt oder nicht. Verblendung kommt von aussen, meist über materielle Dinge wie

Konsum, Komfort, Luxus oder Wunschdenken, welches sich im Selbstvorteil verliert. Verblendung lässt uns die Welt in einem falschen Licht erblicken, so dass wir nicht das sehen können, was eigentlich gut für uns wäre. Wer verblendet ist, der rennt dem Falschen hinterher, ohne zu merken, dass er einer Manipulation anheimgefallen ist. Er droht so, um ein goldenes Kalb zu tanzen.

Manipulation – Wenn man jemanden über seine Schwächen, über sein Lustprinzip oder über seine Eitelkeit manipuliert, dann hört er auf, nach dem zu suchen, was ihn auf seinen Weg bringen könnte. Stattdessen rennt er dem weissen Kaninchen hinterher und verrennt sich so immer tiefer im Kaninchenbau, wo er das Leuchten der Sonne und die Schönheit der Landschaft nicht zu entdecken vermag. Und so lässt Manipulation ganze Menschenmassen jeden Tag in den Arbeitsstollen roboten gehen, auf dass sie das nicht zu erkennen vermögen, was dem gutgläubigen Utopisten seine Freude am Leben schenkt.

Falsche Werte und Ideale – Wenn ein kleiner Junge seinen Vater kaum zu Gesicht bekam, weil dieser so viel arbeiten gehen und Karriere machen musste, dann wächst im kleinen Jungen von selbst ein falsches Ideal heran. Denn er denkt, dass er nur gut sei, wenn er es dem Vater gleichtue, und ebenfalls Karriere mache (– oder das pure Gegenteil.) Und um Karriere zu machen, braucht es ein anderes Vorgehen und Verhalten, als dass nötig ist, um zum gutgläubigen Utopisten zu werden. Und da wir uns in unserem Vorgehen und Verhalten an Werten orientieren und diese oft auch definieren müssen, verbauen wir uns so womöglich unseren Weg.

Es gibt sehr viele Arten von falschen Wertvorstellungen und Idealen. Es gehört also zu unserer Lebensaufgabe, dass wir diese zu erkennen lernen und sie ablegen, auf dass wir einen Weg gehen können, der uns erkennen lässt.

Negative Emotionen – Wer sich selbst beobachten und über Reflexion analysieren lernt, der stellt fest, dass es seine negativen Gefühle sind, die ihm so sehr im Weg stehen und ihn dazu bringen, Dinge zu tun, die ihm selbst und seiner Umwelt schaden. Und negative Emotionen hindern uns auch daran, unsere Suche gezielt anzugehen und am positiven auszurichten. Denn wer Hass empfindet, der sucht nach Rache, nicht nach Liebe. Und wer der Gier anheimfällt, der will nehmen anstatt geben. Und so kommt es, dass auch schon nur eine einzige negative Emotion uns so stark zu beeinflussen vermag, dass wir das Wesentliche im Leben nicht mehr zu erkennen vermögen und stattdessen einen Weg gehen, der Scherben hinterlässt.

Negative Charakterzüge – So wie sich das Klima aus den Tagesverläufen des Wetters bildet, bilden sich negative Charakterzüge aus dem Erleben und

Zulassen negativer Emotionen. Aber wir sind auf der Welt, um genau daran zu arbeiten. Es geht darum, dass wir uns am Positiven zu erfreuen lernen, auf dass wir durch positive Erfahrung erkennen dürfen, dass es alle besser haben, wenn man einander hilft, anstatt dass man einander zuwiderhandelt. Wer zu viele negative Charakterzüge in sich trägt, der kann nicht selbst bestimmen, was er tut, fühlt und denkt. Und somit wird man fremdgesteuert von dem Teil in sich selbst, der als Ego bekannt ist. Das Ego lässt uns nichts Positives finden. Denn es will die Macht über uns behalten.

Unglaube – Wer sich weigert, an etwas Gutes zu glauben, der wird auch nichts dergleichen finden. Natürlich reicht es nicht, einfach nur an das Gute zu glauben. Denn wer in der Wüste am Verdursten ist und sich hinsetzt, auf dass vor seinen Füssen eine Quelle entspringe, der wartet womöglich lange. Wer aber daran glaubt, dass es für ihn noch Hoffnung gibt, und wer etwas dafür tut, dass man ihm helfen kann, dem kann Hilfe zukommen. Unglaube und Glaube äussern sich also meistens in unserem Denken, unserem Willen und somit unserer Handlungsweise. Und es gibt eben Handlungsweisen, die mehr Erfolg zulassen als andere.

Bedarf an Beweisen – Wenn man jemandem einen Edelstein zeigt und sagt, man hätte diesen in einer Kiesgrube gefunden, dann ist die Wahrscheinlichkeit gross, dass auch er dort nach Edelsteinen suchen geht. Denn er nimmt den ihm gezeigten Edelstein als Beweis, selbst wenn dieser gar nichts beweist, und dieser Edelstein selbst auch gar nicht mehr in der Kiesgrube liegt, so dass er dort nicht mehr gefunden werden kann, weil er ja bereits weggenommen wurde.

Wenn man aber jemandem sagt, sein Leben werde dadurch schöner, ruhiger, glücklicher und angenehmer, wenn er an das Gute glaube und sich in seinem Geiste eine solche Welt ausmale, dann verlangt er nach einem Beweis.

Warum glauben einem die Menschen, dass es im Weltall Milliarden von Sternen gebe, aber die frisch gestrichene Parkbank, die mit «frisch gestrichen» angeschrieben ist, müssen sie berühren?

Verhaftung in Zahlen – In einem Lied der britischen Band *Uriah Heep*, das Suchenden helfen kann, ihren Weg zu finden, lautet eine Zeile:

«There is no strength in numbers! Have no such misconception...!» (In Zahlen liegt keine Kraft. Unterliege darum nicht diesem Missverständnis!)

Und tatsächlich haben wir westlich, kapitalistisch geprägten Menschen die Tendenz, Statistiken, Abrechnungen, Hochrechnungen und Budgets mehr Glauben zu schenken als dem Leben selbst. Wer aber genau beobachtet, wie all diese Zahlen zustande kommen, der erkennt rasch, dass diese Zahlen immer auch einen zufälligen Anteil in sich tragen, weil niemals alle Aspekte in eine Zahl hineinfliessen können. Und ausserdem können uns Zahlen immer nur aufzeigen, was war. Selbst wenn ein Budget auf die Zukunft ausgerichtet ist, beruht es sich auf Zahlen, die sich auf die Vergangenheit beziehen. Und sowieso: Keine Zahl ist in der Lage, etwas Unfassbares und Edles wie Glück oder Liebe wiederzugeben. Darum sollten wir den Zahlen weder trauen noch ihnen Glauben schenken. Der gutgläubige Utopist begrenzt seine schöne Welt nicht, indem er über Zahlenwerte Grenzen setzt. Vielmehr löst er sich von dem Messbaren, welches an das Irdische bindet und lässt das zu, was zu erheben vermag.

Falsche Gedankenmuster – Wenn jemand denkt, dass Geld glücklich mache, dann höchstwahrscheinlich nicht, weil er diesen Gedanken selbst entwickelt hat. Vielmehr dürfte dieser Gedanke ein Muster sein, das er von andern übernommen hat, die ihr Leben nach Geld ausrichten.

Und so gibt es viele Gedankenmuster, die uns nach dem Falschen suchen lassen, so dass wir weder unsere Brille noch unser Glück finden und erkennen können.

Wenn wir nun also einen kleinen Überblick über die Faktoren erhalten haben, die uns dabei hindern, unsere Prioritäten sinnvoll zu setzen und nach dem Richtigen Ausschau zu halten, dann dürfte uns dies erkennen lassen, dass es die Art und Weise ist, wie wir uns in unserem Leben ausrichten, die uns das Erschaffen einer zwar utopischen, aber schönen neuen Welt möglich macht.

Und wir erkennen auch, dass wir uns, wenn wir uns anders auszurichten wünschen, entscheiden müssen zwischen dem, was von der Gesellschaft her gegeben ist und dem, was wir selbst erdenken, ausprobieren und wertschätzen dürfen.

Den einen fällt es leicht, ihren eigenen Weg zu gehen und in ihrer Vorstellung Idealzustände zu definieren, die glücklich machen helfen. Andere hingegen unterliegen negativ einwirkenden Faktoren, wie eben denen im Überblick oben, die sie daran hindern, positiv denkend voranzuschreiten.

Es scheint fast so, als ob *demjenigen, der hat, gegeben wird...*

17 Wer hat, der hat

Manche Leute scheinen glücklich zu sein. Und es scheint auch, als ob das Glück ihnen immer wieder zufallen würde…

… während andere warten, leiden und darben…

Wer erkennt, was er schon hat, dem fällt es viel leichter zu erkennen, wenn er etwas erhält. Und wer wertschätzt, was er hat und bekommt, der ist viel glücklicher als derjenige, der Mangel leidet und nicht zufrieden sein kann, mit dem, was er erhält.

Wer hat, der hat!

Wer eine positive Haltung in Form von Dankbarkeit, Wertschätzung, Freude, Glück und Liebe in sich trägt, der hat etwas, was ihn immer wieder glücklich machen kann.

Nein, erklären kann man das nicht. Aber es scheint trotzdem zu funktionieren.

Und entsprechend sollten vielleicht auch wir den Versuch wagen, auf das zu setzen, was wir bereits alles haben, auf dass darauf aufbauend noch mehr zu uns finden kann, was uns ebenfalls zu erfreuen und weiterzubringen vermag.

Wer haben möchte, damit er hat, der braucht nichts anderes zu tun als mal positiv denkend seine Situation zu überblicken und dabei zu erkennen, was er doch alles bereits besitzt, was er alles kann, welche Möglichkeiten ihm offenstehen und wie rosig seine Zukunftsaussichten sind.

Und wer das tut, der ist an und für sich bereits daran, sich eine schöne neue Welt aufzubauen. Denn diese Welt der Gutgläubigen ist nicht vollgestopft mit materiellen Gütern, die Glück versprechen sollen, die man aber auch wieder verlieren kann. Nein, eine schöne neue Welt anerkennt in erster Linie all das, was uns und unseren Mitmenschen schon mal von Grund auf und bedingungslos gegeben ist.

Wer diese Erkenntnis gemacht hat, der hat. Wer nicht zufrieden sein kann damit, der hat nicht.

Der utopische Gutgläubige ist zufrieden und glücklich mit allem, was ihm gegeben ist. Darum gelingt es ihm ja auch, positiv zu denken. Darum kann er auch Glück anstreben. Und er kann auch etwas in seinem Geiste aufbauen, was ihm und der Menschheit dabei hilft, guten Mutes voranzuschreiten.

Klar auch der Gutgläubige muss viel an sich, an seinen Idealen und seiner Perspektive arbeiten, damit er immer wieder das aufbringen kann, was er benötigt, um erkennen zu können, dass er hat. Aber er betrachtet dies als seinen Weg, der ihm auch dabei hilft, seine Persönlichkeit und seinen Charakter zu entwickeln. Und dieser Weg lässt erleben, erfahren, lernen und erkennen. Und vor allem hilft er dabei zu trainieren, zu entwickeln, zu entdecken und so besser zu werden.

Ein gutgläubiger Utopist hat seine Fähigkeiten in manchen Belangen bis hin zur Meisterschaft entwickelt. Er ist so gewappnet und kann Herausforderungen bestehen, an denen andere scheitern würden. Aber von nichts kommt nichts. Der Gutgläubige hat oft, lange und hart dafür gearbeitet, dass er über seinen guten Glauben an eine schöne neue Welt – oder an eine bessere Zukunft, oder an eine Menschheit mit weniger Leid – so weit gekommen ist, dass er zu dem wurde, was andere an ihm bewundern oder manchmal gar beneiden.

Wie lautet doch die Weisheit:

Du willst das, was der andere hat, ohne bereit zu sein, das dafür zu tun, was er dafür getan hat.

Ja, jeder möchte die Früchte essen. Aber den Baum pflanzen, ihn zu hegen und zu pflegen, auf dass er überhaupt erst mal Früchte tragen kann, dazu sind nur wenige bereit. Und vor allem bringen nur wenige die Kraft und Geduld auf, daran zu glauben und so lange durchzuhalten, bis der Baum zu blühen beginnt…

18 Jeder möchte...

Der utopische Gutgläubige wird immer wieder belächelt, vielleicht sogar bemitleidet. Aber dann, wenn er wirklich Erfolg hat, Glück findet und mit sich im Reinen ist, vergessen alle ihr Lächeln und wollen urplötzlich all das auch, was der Gutgläubige hat.

Wer funktioniert da utopisch? Der Gutgläubige oder all diejenigen, die glauben, dass dem Gutgläubigen alles einfach so zugeflogen ist?

Es ist nichts Verwerfliches daran, dass jeder möchte. Es muss sogar so sein, damit Chancengleichheit besteht. Denn wenn jeder möchte, so ist dies die Ausgangslage dafür, dass jeder darauf seine eigene Vorstellung einer schönen neuen Welt aufbauen kann, die es ihm ermöglicht, nach und nach dorthin zu finden, wo er das findet, was er möchte.

Aber nur zu wollen, ohne dafür etwas zu geben, das entspricht nicht den Grundgesetzmässigkeiten des Lebens an sich. Denn das Leben baut darauf auf, dass man nicht nur nimmt, sondern dass man auch gibt. Und der Utopist hat sogar die Chance zu entdecken, dass das Leben am besten funktionieren würde, wenn alle geben.

Aber wer möchte, ist hilflos fordernd und klagend nehmend unterwegs. Er setzt nicht auf seine Selbstwirksamkeit und seine Selbstbestimmung.

Nein, er fordert von denen, die sich selbst ermächtigt haben, das, was sie sich erarbeitet haben.

Eine solche Forderung kann niemals zum Glück führen. Denn wir können uns nur nachhaltig an den Dingen erfreuen, die wir uns selbst beigebracht, erarbeitet oder erdacht haben. Alles andere verliert seinen Glanz in dem Moment, wo wir unsere Hände drauflegen.

So wie nur die Hände eines unschuldigen Kindes die Wunderlampe ohne Gefahr berühren dürfen, können nur wir über Selbstlosigkeit und den Glauben an das Gute nach unserem Glück greifen.

Es spielt also keine Rolle, was wir möchten. Denn wer nur möchte, ist in seinem Denken, Fühlen und Handeln nicht selbstwirksam. Es spielt vielmehr eine Rolle, woran wir glauben, und wofür wir alles bereit sind, danach zu suchen.

Wer seine Persönlichkeit entwickelt, so dass er Ideale zu formulieren imstande ist, dass er den Willen aufbringen kann, für seine Sache zu lernen, zu arbeiten und einzustehen, und wem seine Charakterbildung wichtig ist, weil nur dies der Schlüssel zu Nachhaltigkeit, Glück und Liebe ist, der hat gute Chancen, früher oder später in einer schönen neuen Welt leben zu dürfen.

Der gutgläubige Utopist ist also nicht ein weltfremder Fantast, der Mühe mit der Realität und dem Alltag bekundet und daher fliehen möchte.

Es schein viel mehr, als ob er das Gegenteil davon wäre.

***

Ein gutgläubiger Utopist, der über seine Selbstversuche und die damit gemachten Erfahrungen erkannt hat, dass er für sich auf dem richtigen Weg ist, der wirkt auf andere ruhig, zufrieden und selbstsicher.

Klar, das kommt davon, dass ein gutgläubiger Utopist auch zum Stoiker wird; vielleicht sogar zum Weisen, der erkannt hat, dass die Dinge so sind, wie sie sind, und dass man nur über innere Veränderung all die Veränderungen im Aussen hervorzubringen vermag, die in ihrer Gesamtwirkung dann zur Entstehung einer schönen neuen Welt beitragen.

Dennoch sieht sich der Gutgläubige oft Machenschaften eifersüchtiger Natur und Zügen von Missgunst ausgesetzt, dann, wenn er aufgrund seines Werdens nicht mehr als Utopist abgestempelt werden kann, sondern als Persönlichkeit betrachtet und respektiert werden muss.

Eifersucht wirkt wie ein Gift, das jede schöne neue Welt bereits in ihren Grundzügen absterben lässt. Aber es betrifft nicht die utopische Welt der

80

Gutgläubigen, sondern das Potenzial der Eifersüchtigen, sich selbst eine schöne neue Welt erschaffen zu können.

Darum betreiben wir im nächsten Kapitel etwas Charakterbildung: indem wir der Wirkung von Eifersucht auf die Spur zu kommen versuchen.

19 Eifersucht

Wer eifersüchtig ist, der möchte etwas für sich, was ein anderer hat.

Wenn sich der Eifersüchtige das nimmt, was der andere in Form eines materiellen Gutes hat, dann wird er zum Dieb.

Werte, Ideale und Haltungen aber kann man nicht stehlen, denn sie befinden sich im Innern eines anderen Menschen. Auch Fähigkeiten, Eigenschaften und Gaben eines andern kann man nicht nehmen. Man kann sie sich nur über Willen, Einsatz und Ausdauer aneignen. Und diese vermag man nur aufzubringen, wenn man daran glaubt, dass die ganze Unternehmung zu etwas führen wird, was es wert ist, es zu erreichen – zum Beispiel eben eine schöne neue Welt.

Eifersucht kann also nur auf materieller Ebene auf schnelle Weise gestillt werden; wobei auch dies illegal ist.

Wenn es aber um Persönlichkeit und Charakter geht, dann ist Eifersucht hilflos und auch nutzlos. Denn man erhält niemals das, was man gerne möchte. Das Einzige, was man tun könnte, wäre, demjenigen, auf den man eifersüchtig ist, so sehr zu schaden, dass dieser all das verliert, was uns eifersüchtig macht. Aber dieser Weg führt sicherlich nicht in eine schöne neue Welt. Und darum halten wir hier mal fest, dass

Eifersucht nur hindert und zerstört, niemals aber konstruktiv wirken kann.

Wer es schafft, seine Eifersucht abzulegen und wer lernt, sich über das, was andere haben zu freuen, der legt damit den Grundstein für eine eigene schöne neue Welt. Denn genau dies ist der Schritt vom Mangel hin zur Fülle. Und es ist auch der Schritt von der vermeintlichen Realität in die Utopie.

Eifersucht ablegen ist nichts anderes, als vom Streben nach Selbstvorteil hin zur Selbstlosigkeit zu wechseln. Wer selbstlos ist, der sieht nicht nur sich selbst, sondern auch seine Mitmenschen; im Idealfall sieht er sogar die ganze Menschheit, oder womöglich alles, was lebt.

Und so hilft uns Eifersucht zu erkennen, warum und wie eine schöne neue Welt tatsächlich zur Realität werden könnte: Wer nicht mehr nur auf sich selbst schaut, sondern auch auf die anderen, der schafft dadurch die Voraussetzung dafür, dass ein friedliches Zusammenleben grundsätzlich möglich wird. Und dann, wenn nicht mehr gestritten, gezankt und streitig gemacht werden muss, um negativ wirkende Gefühle wie die Eifersucht zu befriedigen, ist der Mensch bereit dazu, sich höheren Dingen hinzugeben. Und auf diese höheren Dinge baut die utopische Welt des Gutgläubigen auf.

Der utopische Gutgläubige strebt folglich nach einer schönen neuen Welt, weil er auch Idealist ist. Und weil er über seine ständige Reflexionstätigkeit weise geworden ist, strebt er nach seinen Idealen, weil er weiss, dass dies der einzige Weg zu seinem Glück ist.

Aber er weiss auch, dass er sich selbst immer weiter verändern und entwickeln muss. Dies, damit er immer höhere und selbstlosere Ideale erdenken kann, die ihn zu dem machen helfen, was für andere zum Vorbild werden kann. Denn nur als Vorbild kann er anderen als Inspiration dienen, auf dass diese ihren eigenen Weg hin zu einer zwar noch utopischen, aber erstrebenswerten schönen neuen Welt finden können.

Ja, unter dem Strich geht es bei der schönen neuen Welt – und wohl auch bei diesem Büchlein hier – um Inspiration.

Wenn uns immer wieder gesagt wird, was alles nicht geht, dann glauben wir das mit der Zeit auch.

Was würden wir glauben, wenn man uns immer wieder sagen würde, dass alles gehe?

Um diesen Zustand der unbegrenzten Möglichkeiten geht es erst im nächsten Kapitel. Hier wollen wir zuerst noch das Thema Inspiration besser kennenlernen.

Inspiration ist etwas, was man braucht, um all das zu erwecken, was wir in uns tragen, wovon wir aber nichts wissen.

Wenn der Verlag denkmalnach.ch von Leserinnen und Lesern entdeckt wird, dann meist über eines der vielen kleinen Bücher, die in irgendeinem Themenbereich Informationen und Denkweisen der anderen Art vermitteln und so hoffentlich zu inspirieren vermögen.

Man kann also sagen, dass die Leserschaft des Verlages nach Inspiration sucht.

Natürlich können wir Inspiration überall finden. Aber wenn uns Inspiration dabei hilft, uns selbst besser kennen zu lernen, und wenn sie es uns ermöglicht, unser Potenzial zu entwickeln, dann handelt es sich eben um eine intrinsisch wirkende Inspiration. Und meistens zeichnet unsere Seele dafür verantwortlich, dass wir auf intrinsische Weise unsere Selbsterkenntnis erweitern und uns so weit entwickeln, dass wir über Selbstermächtigung und Charakterbildung hin zu unserer Freiheit finden.

Also dürfte Inspiration nicht nur etwas sein, was uns so etwas wie eine schöne neue Welt entwickeln hilft. Nein, Inspiration ist womöglich noch vielmehr dazu da, dass sie uns uns selbst näherbringt.

Denn eine Inspiration kann ein Hinweis sein, der uns ein unbewusstes Bedürfnis aufzeigen hilft. Zum Beispiel der Wunsch, uns selbst besser kennen zu lernen. Oder der Wunsch, das zu erwecken, was in uns schlummern könnte.

Inspiration ist etwas, was alles Mögliche zum Vorschein bringen kann. Inspiration kann uns darum sagen, was alles möglich ist. Im Gegensatz dazu sagt uns aber das meiste von dem, was wir in unserem Alltag antreffen, was alles NICHT geht.

Wenn wir uns jetzt zu verändern wünschen, und wenn wir eine schöne neue Welt anstreben, dann tun wir wohl gut daran, dass wir uns in unserm Alltag anders ausrichten. Denn wenn wir uns so verhalten, dass wir auf Inspiration treffen können, dann wird uns dadurch sehr viel mehr möglich, als wenn wir in bekannten Kreisen verweilen, die uns ständig sagen, was wir nicht können, weil es gar nicht möglich ist.

Inspiration trägt etwas Leichtes, Lichtes und Göttliches in sich. Realität, materielle Gesetzmässigkeiten und Gewohnheit wirken eher irdisch und behaftend.

Nun, es braucht wohl beides. Wer sich in den Luftschlössern seiner schönen neuen Welt verliert, der kann auch nicht weiterkommen, da es immer die Dualität braucht. Und so brauchen wir auch eine ausgeglichene Verbindung sowohl zum Himmel als auch zur Erde.

Erst demjenigen, der erkannt hat, dass ihm eine bodenständige Haltung in Bezug auf das Irdische himmlische Höhenflüge möglichmacht, die die nötige Inspiration vermitteln, um beides in einer schönen neuen Welt miteinander zu verbinden, dürfte wahrlich zu Fülle und Glück finden.

Denn niemand kann die unbegrenzten Möglichkeiten erfahren, wenn er nicht zuerst seine irdischen Aufgaben erfüllt hat. Und da wir über einen physischen Körper verfügen, sind wir – solange wir leben – immer an das Irdische und Materielle gebunden. Dem ist so, weil wir dadurch lernen sollen, mit Gesetzmässigkeiten umzugehen. Diese Gesetzmässigkeiten helfen uns dabei, ein Ideal für eine schöne neue Welt zu entwickeln, welches nicht utopisch ist.

Eine schöne neue Welt klammert nicht gewisse Tatsachen aus, nur damit sie sich nicht damit zu befassen braucht. Eine wahrlich gute Vorstellung einer schönen neuen Welt versucht möglichst alle Aspekte miteinzubeziehen. Denn auch in einer schönen neuen Welt müssen die Menschen zum Beispiel essen. Sich Gedanken zu machen, woher die Nahrung in einer utopischen Welt der Gutgläubigen kommen soll, hilft den Weg bereiten, der hin zu einer besseren Welt führt.

Ja, unser Leben, und alles, was wir antreffen, kann uns als Grundlage dafür dienen, darüber nachzudenken, was ist, und was sein könnte.

Wenn viele Menschen von dieser Inspiration zum Denken gebrauch machen, dann erschafft dies die Grundlage dafür, dass die Welt für alle besser werden kann; auch für die anderen Lebewesen, die Pflanzen und unsere Mutter Erde.

***

Wir haben erkennen können, dass an und für sich alles möglich ist. Wir haben aber auch erkannt, dass selbst der utopische Gutgläubige gewisse Sachverhalte berücksichtigen muss, weil er sich niemals ganz vom Irdischen lösen kann, solange er lebt.

Zu dieser Einschränkung durch das Irdische kommt aber noch eine weitere Begrenzung der unbegrenzten Möglichkeiten dazu. Es ist dies unsere Verpflichtung,

88

dass wir nur ermöglichen sollten, was weder verletzt
noch die Freiheit der anderen einschränkt.

21 Unbegrenzte Möglichkeiten

Klar, in unseren Vorstellungen können wir alles entstehen lassen, was wir wollen. Es ist ja unser Geist und unsere Vorstellung, in welchem sich das Ganze abspielt. Niemand kann hineinschauen und uns für das verantwortlich machen, was sich darin befindet, solange wir unsere Vorstellungen nicht äussern.

Aber es ist eben eine alte Weisheit, dass es dem Menschen besser bekommt, nicht alles zu tun, was er tun könnte!

Und so tragen auch wir für uns selbst eine Verantwortung. Wir tragen diese Verantwortung nicht nur für das, was wir tun, sondern auch für das, was wir denken und uns in unserem Geist in Form von Vorstellungen aufbauen.

Es ist eine Tatsache, dass wir diese Verantwortung nur tragen können, wenn wir über einen genügend weit entwickelten Charakter verfügen.

Es gab mal eine Zeit, da haben braun angezogene Menschen, die Gefallen an Gleichmacherei, Dominanz und Disziplin fanden, gedacht, die Welt würde zu einer schönen neuen Welt werden, wenn nur noch *«lebenswertes Leben»* (man möge dem Autor verzeihen, dass er diesen niederträchtigen Ausdruck in Zitatform übernimmt) existieren würde.

In welche Zeit der Verachtung diese Vorstellung die Menschheit gestürzt hat, ist uns leider noch zu gut in Erinnerung – auch wenn diese immer wieder in Vergessenheit zu geraten scheint…

Darum wollen wir selbst nicht den gleichen Fehler machen und uns alle Freiheiten nehmen, um unsere unbegrenzten Möglichkeiten geistig vollends auszuschöpfen.

Nein, wir geben uns selbst als ehrenhafter und gutgläubiger Utopist das Versprechen, dass in unserer Vorstellung einer schönen neuen Welt nichts Platz finden soll, was die Rechte der andern und überhaupt das Leben an sich in seiner Unantastbarkeit einschränkt oder verletzt.

Im realen Leben sind wir vielen Gesetzen, Einschränkungen und Vorgaben unterworfen. In unserem Geiste aber sind wir allmächtig.

Erst wenn der Mensch gelernt hat, sich in seiner Gedankenwelt menschlich zu verhalten, wird er auch in der realen irdischen Welt so leben, dass Friede und Glück für alle Lebewesen zur Realität werden können.

Ja, die Unbegrenztheit der Möglichkeiten, die wir uns in unserem Leben wünschen, müssen wir uns zuerst in unserem Geiste verdienen, indem wir nicht all das ausschöpfen, was geistige Unbegrenztheit möglich machen könnte.

Unbegrenztheit fordert vom gutgläubigen Utopisten, dass er sich selbst Begrenzung auferlegt. Nicht, damit dadurch Dinge verunmöglicht werden. Sondern viel mehr, damit nichts Böses dadurch entstehen kann.

Der gutgläubige Utopist strebt aber nicht nach Begrenzung, die durch Angstmacherei aufrechterhalten wird. Vielmehr glaubt er an Begrenzung, die in Form von auf Idealen basierenden Richtlinien über die Vernunft, Verantwortung und Überzeugung der Menschen zu wirken vermag.

Ja, der Stärkere KANN dem Schwächeren etwas wegnehmen. Was aber, wenn der Stärkere dem Schwächeren gibt?

Mit solchen hypothetischen Gedankengängen befasst sich der utopische Gutgläubige. Denn er betritt so neues Terrain; zuerst in seinem Geiste, dann mit der Zeit über Selbstversuche auch in der Realität. Und was sich zu bewähren scheint, kann zum Ideal dazu genommen werden, welches eine schöne neue Welt aufbauen hilft.

Dennoch ist der Weg nicht so einfach. Denn wir Menschen leben über unsere Prägung in Begrenztheit. Natürlich haben wir in diesem Kapitel hier von den Gefahren der Unbegrenztheit gelesen. Aber diesen Gefahren unterliegt nur jemand, der bereits alle Begrenzungen aufgrund gesellschaftlicher Prägung hinter sich lassen konnte.

Aber viele von uns leben eben noch in einer Realität, in der vielerlei sichtbare und unsichtbare Begrenzungen Bestand haben. Und somit stehen sie der Entwicklung einer schönen neuen Welt im Wege und müssen zuerst ausgeräumt werden.

Diese Befreiung von Begrenztheit, welche die Unbegrenztheit unseres Verstandes ermöglichen hilft, ist schwer zu erreichen. Denn wir sind umgeben von festgefahrenen Gefühlen und Gedankenmustern, die ständig über die Gesellschaft auf uns einwirken und uns nicht erlauben, zum gutgläubigen Utopisten zu werden.

Wir wollen uns dieser Problematik, die ja eigentlich eine Herausforderung darstellt, im kommenden Kapitel zuwenden.

Wenn alle Menschen gleich denken, dann ist ein Volk leicht zu führen. Und wenn es verpönt ist, etwas anderes zu denken als die anderen, dann führt das zu Kontrolle, Sicherheit und Kontinuität innerhalb einer Gesellschaft.

Und darum haben machhabende Menschen und Institutionen schon immer dafür gearbeitet, dass möglichst viele Menschen das Gleiche denken und glauben. Denn das vereinfacht es, diese Menschen zu führen – zu ihrem Wohl, oder um sie auszunutzen oder zu manipulieren.

Es gibt einen Witz, der hier zur Veranschaulichung herbeigezogen wird, ohne dass dieser zum Diskriminieren oder zum Lächerlichmachen benutzt werden soll. Er zeigt einfach auf, wie sehr wir doch in festen Gedankenmustern verhaftet sind:

Ein Mann stirbt und fürchtet sich vor dem, was ihn erwartet. Aber als er die Augen öffnet, findet er sich an einem Strand in weissem Sand liegend wieder. Er steht auf und schaut sich um: Er befindet sich an einem Ort, den er sich schöner nicht vorstellen könnte! Klares Wasser, endlose Strände mit grünen Palmen und tiefblauer Himmel.

Er geht ein paar Schritte und kommt zu einer Art Strandbar, wo er sich einen Drink bestellt. Als er bezahlen will, sagt ihm der nette Bartender, dass hier alles gratis sei.

Und während unser leicht verblüffte Mann seinen Drink geniesst, kommt jemand anderes an die Bar und bestellt sich auch etwas zu trinken.

Unserem Mann fällt auf, dass dieser Neuankömmling einen Pferdefuss hat, und dass sich seitlich an seinem Kopf Hornansätze befinden. Darum nimmt er seinen ganzen Mut zusammen und fragt: «Sie, entschuldigen Sie diese indiskrete Frage. Aber sind Sie der Teufel?»

Der andere antwortet mit einem freundlichen ja, und fragt, ob er sich zu unserem kürzlich Verstorbenen dazusetzen dürfe. Angeregt unterhalten sie sich über dieses und jenes, bis der Teufel sich verabschiedet und geht.

Unser Mann geht ebenfalls weiter und findet alles, was er braucht. Und zwar noch schöner, als er es sich vorstellen könnte.

In den folgenden Tagen lebt sich unser Mann nach und nach ein. Er geniesst die Tage, unterhält sich mit anderen Leuten und streift auch etwas weiter umher, um die Gegend kennen zu lernen. Und auf einem dieser Streifzüge kommt er auf einem Hügel zu einem tiefen Loch, aus dem Schmerzensschreie und Wehklagen heraustönen. Unser Mann nähert sich diesem Loch unsicher an und schaut hinunter. Unten *sieht er brennende Feuer, nackte Leiber und leidende Gestalten.*

Irritiert und leicht verstört begibt sich unser Mann hinunter zur Strandbar, wo er den Teufel antrifft. Er setzt sich zu diesem hin und fragt: «Du, Teufel. Dieses Loch da oben im Hügel. Ist das die Hölle?»

Der Teufel antwortet: «Ach das! Das ist nur für die streng Gläubigen. Die wollen das so!»

Solange wir in unserem Kopf fremde, unreflektierte Gedankenmuster zulassen und nach ihnen leben, laufen wir auch Gefahr, dass wir das sehen und antreffen, was diese Gedanken verheissen.

Erst wenn wir uns so weit entwickelt haben, dass wir ohne schlechtes Gewissen Freude an dem haben können, was wir uns selbst vorstellen können, sind wir überhaupt in der Lage, uns eine schöne neue Welt vorzustellen.

Wir sehen, dass wir wirklich an unser eigenes Vorbild und an das Gute glauben können müssen, wenn wir in unserem Geist eine schöne neue Welt zu erschaffen wünschen, die wirklich eines utopischen Gutgläubigen würdig ist.

Und so stellt sich uns zwangsläufig die Frage, was wir denn eigentlich wollen. Und um dies herauszufinden, müssen wir über uns und unsere Möglichkeiten nachdenken. Das nächste Kapitel versucht auf seine Weise, dabei zu unterstützen.

23 Und was willst du?

Um es gleich vorwegzunehmen: Dies ist inhaltlich gesehen das letzte Kapitel dieses Büchleins. Hier geht es für die Leserinnen und Leser darum zu erkennen, was sie selbst wollen und was nicht.

Und es geht auch darum, die Hinweise aus den vorangehenden Kapiteln dabei miteinzubeziehen und so zu berücksichtigen.

Aber in erster Linie geht es darum, all das, was in diesem Büchlein hier steht, anzunehmen und es dann auch wieder abzulegen. Denn wenn jemand darüber nachzudenken hat, was sie/er selbst will, dann geht das nicht, solange fremde Gedankenmuster hindernd im Raum stehen. Und auch die Inhalte dieses Büchleins sind aus Gedanken heraus entstanden. Und somit wirken sie zwar im besten Fall richtungsweisend und inspirierend. Aber sie wirken hindernd und begrenzend auf jemanden, der herauszufinden versucht, was er will.

Darum hier der folgende Ratschlag:

Nehmen Sie sich immer wieder Zeit, um darüber nachzudenken, was für Sie alles in einer schönen neuen Welt Platz finden könnte. Sie sind dabei völlig frei. Sie können Dinge auch wieder herausnehmen.

Aber übernehmen Sie dabei Verantwortung und reflektieren Sie über diese Welt, die Sie am Aufbauen sind. Ist diese Welt auch gut für andere? Berücksichtigt sie die Bedürfnisse möglichst aller Lebewesen? Ist jemand bevorteilt oder nimmt jemand Schaden? Sind all die hohen Werte wie Freiheit, Selbstlosigkeit, Gerechtigkeit, Liebe und Wahrheit in dieser schönen neuen Welt möglich?

Und während dem Sie so an Ihrer schönen neuen Welt bauen und sie mit allem Möglichen ausstaffieren, entwickeln Sie ganz nebenbei Ihre Persönlichkeit und Ihren Charakter. Sie tun dies, weil Sie die Möglichkeiten Ihres Geistes zum Erschaffen einer eigenen Welt nutzen. Und vor allem entwickeln Sie sie deshalb, weil Sie das, was Sie erschaffen haben, im Sinne und zum Wohle derer überdenken, die ebenfalls in dieser schönen neuen Welt glücklich leben können sollen.

Die schöne neue Welt der gutgläubigen Utopisten ist nichts anderes als ein Gedankenkonstrukt, das dabei hilft, sich selbst im Sinne der Menschheit voranzubringen.

Was Sie tun, und was Sie wollen, das liegt in Ihren Händen – oder besser gesagt in Ihrer Vorstellung. Solange Sie Ideale haben und diese weiterentwickeln, steht den unbegrenzten Freuden Ihrer schönen neuen Welt nichts im Wege.

Und darum kann auch unsere reale Welt nur so gut werden, wie sie in den Köpfen der Menschen empfunden und über Vorstellung beeinflusst wird.

Je mehr Menschen den Mut aufbringen, sich ihres Verstandes zu bedienen, je besser wird die Welt, in der wir leben; solange wir etwas wollen, was für ALLE besser ist…

***

Und so kommen wir zum Ende eines Büchleins, das von einer schönen neuen Welt berichtet, ohne konkrete Vorschläge zu unterbreiten oder die Leserschaft in utopischen Schilderungen schwelgen zu lassen.

Nein, ein Büchlein wie dieses darf nicht konkret werden. Denn Konkretion bedeutet Begrenzung. Aber es braucht das unbegrenzte Vorstellungsvermögen und das selbstlose Wollen möglichst vieler, damit eine schöne neue Welt gerecht, selbstlos und glücklich werden kann. Ein einzelner Mensch läuft immer Gefahr, sich zu irren oder sich in seinen Selbstkonzepten zu verlieren. Und darum nichts Konkretes, sondern nur Ideale mit dem Vorbehalt, dass diese immer weiter in Richtung der uneingeschränkten Vollkommenheit der Schöpfung entwickelt werden dürfen.

24 Ausblick

Was kommen wird?

Die Apokalypse wird es wohl nicht sein. Denn die Zerstörung des Lebens auch nur im Geiste zu kreieren, dazu ist nur ein schlechtgläubiger Realist imstande.

Der gutgläubige Utopist aber sieht immer und überall etwas Positives. Er erkennt mit der Zeit auch im Negativen etwas Positives. Und dies deshalb, weil er über seine Ideale seine Perspektive immer mehr zu erweitern vermag.

Etwas, was im ersten Moment als negativ wirkend empfunden wird, kann sich später unter Berücksichtigung anderer Aspekte als wahrer Glücksfall manifestieren. Denn sehr oft ist das, was uns unserer Ansicht nach schlecht bekommt, dazu da, uns von unseren negativen Glaubensmustern zu trennen und uns einen neuen, besseren Weg beschreiten zu lassen.

Wer gutgläubig ist und sich zwar Vorstellen darüber macht, wie es sein könnte, sich aber nicht darin verhaftet, der bleibt offen und flexibel. Ihm kann das Glück, das hin zur schönen neuen Welt führt, auf mannigfaltige Weise begegnen.

Wer aber aufgrund konkreter Vorstellungen der schönen neuen Welt in Begrenzung begegnet, der wird aufgrund seiner eigenen Beschränktheit nur einen Teil dessen antreffen, was ihm alles offenstehen könnte.

Und so kommt es, dass der Ausblick in diesem Kapitel sehr vage ist. Denn wie soll auf etwas geblickt werden, was sich in den Köpfen und Vorstellung von tausenden von anderen Menschen am Bilden und Konstruieren ist?

Nein, die Zukunft wird nicht in der Politik definiert. Das ist ein fremdes, starres und veraltetes Gedankenmuster.

Die Zukunft bildet sich über geistige Tätigkeit der Menschen, die gemeinsam die Gemeinschaft bilden und über ihre Gedankenkraft zur Entwicklung dessen beisteuern, was uns Menschen anvertraut wurde, um damit das Sein an sich bereichern zu helfen.

Der utopische Gutgläubige lebt nicht in einer Welt, in der alles klar und geregelt ist. Der utopische Gutgläubige weiss über die Macht seiner Gedanken. Und er betrachtet die Welt eher als eine Art Sandkasten, in dem gebaut, ausprobiert und erschaffen werden kann. Aber weil der Utopist utopisch denkt, kann selbst ein Sandkasten für ihn zum Paradies auf Erden werden. Und das ist die Grundlage, auf die eine schöne neue Welt aufgebaut werden kann.

Alles ist relativ. Wenn selbst anerkannte, hochintelligente Wissenschaftler das sagen, so darf der gutgläubige Utopist sich dies sorglos ebenfalls zum Grundsatz nehmen.

Relativ ist, was wir in unsere schöne neue Welt konkret hineindenken. Absolut aber sind die Werte und Ideale, die hinter unseren Gedanken stehen und diese lenken.

Damit unsere schöne neue Welt immer schöner werden kann, dürfen wir die unbegrenzten Entwicklungsmöglichkeiten unserer Werte und Ideale anerkennen. Das ist die grosse Herausforderung, die uns auf unserem Weg aufwartet.

Und es ist gleichzeitig der Weg zu unserer Erkenntnis, dass wir viel mehr sein könnten, als dass man es uns – und dass wir es uns selbst – zugestehen.

25 Schlusswort

Wer weiss, vielleicht hat dieses Büchlein hier der einen oder dem andern dabei geholfen, eine Reise in eine Zukunftswelt machen zu dürfen, in der es sich für alle zu leben lohnt.

Vielleicht realisiert sich hier jetzt aber auch eine Enttäuschung, weil man sich von diesem Büchlein mehr erhofft hat.

Nun, erhoffen Sie sich nicht von einem Buch mehr! Erhoffen Sie sich von der Welt und vom Leben selbst mehr!

Leben Sie nicht in einem Buch und dem, was es vermag, und was es nicht vermag.

Erschaffen Sie sich lieber Ihre eigene schöne neue Welt!

Wir Menschen verfügen über so viele Möglichkeiten, von denen bisher nur ganz wenige entdeckt wurden. Warum sollten wir uns dann mit dem zufriedengeben, was wir von aussen annehmen müssen.

Ist es nicht viel spannender daran zu arbeiten, was in unserem Innern alles auf Enthüllung und Entwicklung wartet?

***

Nicht an eine schöne neue Welt zu glauben, kommt für den Autor kaum infrage. Er ist lieber Utopist, als dass er sich zwangläufig als einzige Alternative dazu zum Pessimisten degradiert.

Klar, es braucht Glaube und Kraft, um gegen all die Widerstände von aussen standhaft zu bleiben und für etwas einzustehen, was für andere als utopisch, unmöglich und unrealistisch gilt.

Aber wenn die anderen das so wollen, brauchen wir es ja für uns nicht auch so zu wollen.

Wer für sich das Leiden und die Aufopferung wählt, der darf das.

Gutgläubige und Utopisten aber wählen für sich die Sonnenseite der Strasse, auf der sie ihren Lebensweg begehen.

Und genau darin liegt ja der Reiz, Mensch sein zu dürfen: Wir dürfen in den kleinen Dingen des Lebens selbst entscheiden. Eben zum Beispiel, ob wir im Licht oder im Schatten gehen. Oder ob wir lachend oder weinend in den Spiegel schauen.

Wer das erkennen durfte, der hat. Und wer hat, dem kann niemals alles genommen werden; ganz sicher nicht seine Hoffnung.

Und wenn du dich auf eine schöne neue Welt gefreut hast, diese sich aber nicht so zu manifestieren vermag, wie du es dir erhofft hast, was dann?

«Du hast dich doch gefreut! Zählt das etwa nicht!?»

Der Autor glaubt an die Menschen. Und er glaubt besonders an die, die Bücher wie dieses hier lesen. Denn es braucht Offenheit im Denken, Glaube an das Gute und ein offenes Herz, um ein Büchlein wie dieses hier bis zum Schluss zu lesen.

Der Autor ist gerne mit Menschen zusammen, die diese Kostbarkeiten in sich tragen…!

Anmerkung

Ab und zu wurde in diesem Büchlein hier gegendert. Dennoch ist dieses kleine Werk weit entfernt von einem Ideal, welches formale Vorgaben in Bezug auf die Gleichstellung beider Geschlechter einhalten würde.

Nun, in der schönen neuen Welt des Autors brauchen die Schreibenden nicht mehr immer an Unterdrückung und Ungleichbehandlung zu denken, wenn sie ihrer Tätigkeit nachgehen. Sie können sich voll und ganz auf den Inhalt konzentrieren und der Leserschaft so über inhaltlichen Tiefgang und leichten Lesefluss ein einmaliges Erlebnis verschaffen.

Und weil der Autor ein gutgläubiger Utopist ist, lebt er seine Vision bereits im Hier und Jetzt. Nämlich, indem er versucht, dem Wesentlichen eines Buches Priorität einzuräumen.

Hinweis

Die Inhalte dieses Buches stammen von *Fritzgerald Jeremia Finch*. Geschrieben aber hat das Buch der Auto *Michael von Känel*. Dem ist so, weil Mr Finch gerne unerkannt im Hintergrund zu bleiben wünscht.

Der Verlag denkmalnach.ch respektiert diesen Wunsch. Trotzdem dankt er für all die Inspiration, das Wissen und die versteckten Hinweise. Es ist schön, wenn Werke der anderen Art trotzdem veröffentlicht werden dürfen!

Titelverzeichnis des Verlags denkmalnach.ch

Die Titel sind wie folgt erhältlich:

- Als **Taschenbuch** zurzeit nur bei **amazon.de**
- Als **E-Book** im *Kindle*-Format bei **amazon.de** und immer mehr auch als *ePub* für **Tolino** bei **Weltbild, Thalia, Hugendubel etc**.
- Teilweise als **Hörbuch** bei fast allen Anbietern

Verlag: www.denkmalnach.ch

Autor und Suchbegriff: Michael von Känel

Bücher der Reihe *Spirituelles Wissen*:

	Meditieren *Eine Annäherung an Sinn und Zweck des Meditierens*
	Heilen *Ein Crashkurs in energetischem Heilen*

	Heilen 2 *Unterstützende Ausführungen zum Crashkurs energetisches Heilen*
	Heilen 3 *Anwendungsbeispiele mit Skizzen zum Crashkurs energetisches Heilen*
	Heilen 4 *Grundsätze der Energiearbeit und des energetischen Heilens*
	Heilen 5 *Veranschaulichungen von Heilprozeduren und Heilungsprozessen*
	Sterben *Der Tod als unsere wahre Lebensversicherung*
	Der Antichrist *Der Versuch über unser Ego den Teufel zu erklären*
	Die innere Stimme *Wie wir uns von ihr führen lassen und ihr vertrauen lernen können*

	Die geistige Welt *Warum die Realität nicht mehr als ein Traum ist*
	Die Bewusstheit zu sein *Schranken des Lebens ablegen, um frei zu sein*
	Weisheit – Perlen und Irrtümer *Wie Weisheit erhebt oder verblendet*
	Quo vadis? *Geheimnisse über den Weg, den wir gehen*
	Heilen 6 *Energetisches Heilen und damit verbundene umfassendere Sichtweisen*
	Glauben heute *Darf man noch glauben? Wenn ja, woran?*

Bücher der Reihe *Gesellschaft verstehen*:

Leben statt Arbeiten
Wofür es sich zu arbeiten lohnt und wofür nicht

Selbstwirksamkeit
Wie uns der gekaufte Komfort unserer Selbstbestimmung beraubt hat

Moderne Versklavung
Wie und wodurch wir täglich versklavt werden

Die Illusion wegessen
Überlegungen darüber, wie unsere Ernährung uns blendet

Tricks aus der Chefetage
Kaderbildung aus Sicht der Mitarbeitenden – und was es sonst noch über Hierarchien zu lernen gibt

Verbundenheit
Ein möglicher Einblick in die Welt des Seins

	**Was einen Menschen ausmacht** *Über die innere Schönheit im aussen*
	**Das Veilchen am Wegrand** *Warum die Liebe im Detail steckt*
	**Menschenwürde** *Wir spiegeln uns in denen um uns herum*
	**Brave new World** *Die utopische Welt der Gutgläubigen*
	**Das harmonische Dreieck** *Sich selbst und dadurch die Welt verändern*

Bücher der Reihe *«Augenmerk Hochsensibilität»*:

	Band 1 – Portrait eines hochsensiblen Menschen *Einblick in den Werdegang und die Erfahrungen eines feinfühligen Menschen*

	Band 2 – Die Wahrnehmung eines hochsensiblen Menschen *Wie und was hochsensible Menschen wahrnehmen können und warum*
	Band 3 – Hochsensibilität in Verbindung mit Achtsamkeit *Was alles möglich wäre aus Sicht eines hochsensiblen Menschen*

Bücher der Reihe «*Vision 3000*»:

	Vision 3000 Band 1 – Die Welt ist im Wandel *Es stehen Veränderungen an...*
	Vision 3000 Band 2 – Veränderungen machen uns zu schaffen *Neue Denkansätze helfen*
	Vision 3000 Band 3 – Neue Denkansätze sind gefragt *Der Mensch hat das Potenzial zu antworten*

Romanserie mit spirituellem Hintergrund
Tränen des Drachen:

	Tränen des Drachen – Band 1 *Comfortably numb – Angenehm berauscht*

Serie *Philosophie und Bildung*:

	### Philosophie und Bildung – Band 1 *Die Quadratur des Kreises* *20 Aufsätze zu Alltagsthemen – Neue Denkansätze für frische Köpfe*
	### Philosophie und Bildung – Band 2 *Vom Blitz getroffen* *20 weitere Aufsätze zu Alltagsthemen – Neue Denkansätze für frische Köpfe*
	### Philosophie und Bildung – Band 3 *Schwarzer Diamant* *20 weitere Aufsätze zu Alltagsthemen – Neue Denkansätze für frische Köpfe*
	### Die kleine Maus *20 Naturgeschichten zum Nachdenken für Kinder und Erwachsene*
	### Richtig (v)erziehen *Warum lieb sein zu Kindern böse ist*
	### Lehrermangel *Warum der Lehrerberuf so anstrengend ist*

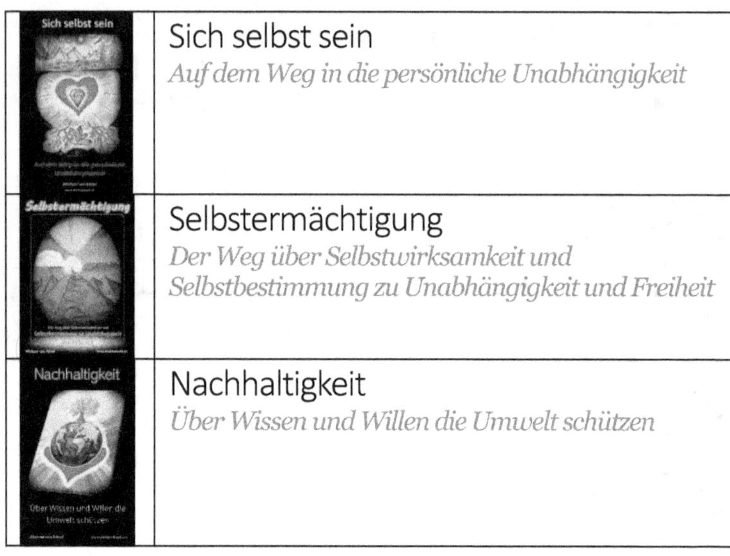

	## Sich selbst sein *Auf dem Weg in die persönliche Unabhängigkeit*
	## Selbstermächtigung *Der Weg über Selbstwirksamkeit und Selbstbestimmung zu Unabhängigkeit und Freiheit*
	## Nachhaltigkeit *Über Wissen und Willen die Umwelt schützen*

Serie *Arbeitsbücher der Achtsamkeit*:

	## Arbeitsbuch der 7 Schlüssel *Charakterbildung leicht gemacht – Der Weg ans Licht*
	## Arbeitsbuch der Wahrheit *Warum Lügen kurze Beine haben*
	## Arbeitsbuch des Beobachtens und Wahrnehmens *Lernen zu entdecken, zu erkennen und zu begreifen*

Serie *Übungsbücher der Achtsamkeit*:

	Übungsbuch der Spiritualität *30 Übungen zum Erfahren spiritueller Aspekte*
	Übungsbuch der Achtsamkeit *30 Übungen zum Erfahren, Beobachten und Wertschätzen*
	Übungsbuch der Selbstwirksamkeit *30 Übungen zum Erkennen, was möglich sein könnte*

Serie *The Best - The Rest – The Rare*:

	Harry Potter enthüllt *Eine spirituelle Erklärung für den Erfolg der erfolgreichsten Buchreihe aller Zeiten*
	Gesammelte Gedichte *40 gesammelte Gedichte mit Tiefgang, aus der Feder der Autorengemeinschaft* <u>www.denkmalnach.ch</u>
	E-Bike to work *Wie das Elektrovelo mein Leben verändert hat*
	Ein Quantum Trost *Für jeden Tag ein Bild und eine Aussage, um sich an die Hoffnung zu erinnern*

	30 Dos and Don'ts *Warum wir Dinge tun sollten und warum nicht*
	Die Tribute von Panem enthüllt *Was wir durch die Hungerspiele über unsere Gesellschaft lernen können*

Bücher der Reihe *Erfolgreich durchs Leben*:

*Bereits komplett **als Hörbuch** erhältlich!*

	Teil 1 - Erfolgreich leben 1: Lernen mit Geld umzugehen; *Grundwissen über Geld und den Umgang damit als Basis für mehr Selbstwirksamkeit*
	Teil 2: Erfolgreich leben 2: Selbstsicherheit aufbauen; *Hinstehen und ohne Unsicherheit sich selbst sein dürfen*
	Teil 3: Erfolgreich leben 3: Effizient Lernen; *Grundsätze des Lernens, die den Wissenserwerb erleichtern helfen*
	Teil 4: Erfolgreich leben 4: Sich Ziele setzen können; *Warum man Ziele nur erreichen kann, wenn man welche hat*

	Teil 5: Erfolgreich leben 5: Absichten durchschauen; *Was hinter dem Verhalten anderer Menschen und Institutionen steht*
	Teil 6: Ursache und Wirkung 1: Übergewicht verstehen; *Wie Übergewicht zustande kommt - und was man tun kann*
	Teil 7: Ursache und Wirkung 2: Streit entlarven; *Warum gestritten wird und wie man Streit vermeidet*
	Teil 8: Ursache und Wirkung 3: Trägheit ablegen; *Wie man den Weg zu einem aktiv gestalteten Leben findet*
	Teil 9: Ursache und Wirkung 4: Überdruss loswerden; *Lernen, die Dinge in einem positiven Licht zu erblicken*
	Teil 10: Ursache und Wirkung 5: Mangel beheben; *Vom inneren Mangel, der zu äusseren Mangelerscheinungen führt*
	Teil 11: Glücklich leben 1: Freundlichkeit und Anstand; *Wie uns freundlicher und guter Umgang die Türen öffnet*
	Teil 12: Glücklich leben 2: Dankbarkeit; *Warum Dankbarkeit die Grundlage für ein glückliches Leben ist*

	Teil 13: Glücklich leben 3: Hilfsbereitschaft; *Was unsere Hilfe für andere Menschen bedeutet*
	Teil 14: Glücklich leben 4: Nächstenliebe; *Warum Nächstenliebe bei Selbstliebe beginnt und uns so das Glück finden lässt*
	Teil 15: Glücklich leben 5: Ethik und Moral; *Warum die ungeschriebenen Gesetze des Zusammenlebens für unser Glück so wichtig sind*

Bücher der Reihe *Die Wirkung von… :*

	Die Wirkung von Angst auf unser Leben *Was Angst alles behindert und verunmöglicht*
	Die Wirkung von Lärm auf unser Wohlbefinden *Wie Lärm uns beunruhigt und uns Kraft raubt*
	Die Wirkung von Musik auf unsere Selbstwahrnehmung *Wie Musik uns zentriert und beruhigt*

Die Wirkung von Bildschirmkonsum auf unser Leistungsvermögen
Wie Bildschirme uns ablenken und unsere Leistung senken

Die Wirkung von Sport und Bewegung auf unsere Ausgeglichenheit
Was Sport bewirkt und wann er nützt

Die Wirkung von Mode auf unsere Selbstachtung
Wie Mode uns beeinflusst und fremdbestimmt

Die Wirkung von Gewohnheit auf unsere Lebensführung
Was Gewohnheiten uns geben - und was sie uns nehmen

Die Wirkung von Wasser auf unsere Gesundheit
Wie Wasser nicht nur unseren Durst stillt

Die Wirkung von guter Luft auf unseren Körper
Wie frische Luft uns beflügelt

Die Wirkung von Reisen auf unsere Konzentration
Wie Reisen und Pendeln uns müde machen

Die Klappentexte zu den einzelnen Büchern sowie die Serienbeschreibungen sind in den Online-Shops beim jeweiligen Titel aufrufbar.

Verlag: www.denkmalnach.ch

Autor: Michael von Känel

Herzlichen Dank, dass Sie den Verlag unterstützen und weiterempfehlen!